Kurdisch Grundwortschatz

Kurdisch Grundwortschatz

Kurdî, bingeha xezîne ya bêjeyan

Isabella Bêrîvan

Reichert Verlag Wiesbaden 2014

Umschlagabbildung: Handarbeit von Gulan Unus

Bibliografische Information der Deutschen Nationalbibliothek
Die Deutsche Nationalbibliothek verzeichnet diese Publikation in der Deutschen Nationalbibliografie; detaillierte bibliografische Daten sind im Internet über http://dnb.dnb.de abrufbar.

ISBN: 978-3-95490-055-8
www.reichert-verlag.de

Printed in Germany

Inhalt

Vorwort – Pêşgotin 7

Alphabet und Aussprache – Elîfbe û Bilêvkirin 8

Grammatikalische Angaben – Pêzaniyên Rêzimanî 9

Abkürzungen – Kurtebêja Peyvan 11

1 **Zwischenmenschliche Beziehungen – Têkilîyên mirovane** 12
Einander Kennenlernen – Hev û din naskirin 12
Charakter – Xîslet 15
Sich Unterhalten und Tratschen – Sohbet û Galegalkirin 16
Aussehen – Bejn û Bal 20

2 **Heim und Familie – Mal û Malbat** 22
Familie und Verwandtschaft – Malbat û Pismamtî 22
Wohnen – Rûniştin 25
Essen und Kochen – Xwarin û Pejandin 28

3 **Gesundheit und Körper – Tendurîstî û Beden** 32
Körperteile und Befinden – Alavên Bedenê û Rewş 32
Krankenhaus und Arzt – Nexweşxane û Bijîşk 35

4 **In der Stadt – li Bajêr** 38
Bummeln und Einkaufen – Gerîn û Kirîn 38
Bekleidung und Schmuck – Cil û Xeml 39
Café und Restaurant – Çayxane û Loqante 41
Kultur und Kunst – Çand û Huner 42

5 **Lernen und Arbeiten – Fêrbûn û Xebat** 44
Schule – Dibistan 44
Studium – Perwerdehiya bilind 46
Arbeitswelt – Karûbar 47

6 **Freizeit – Azadanî** 49
Sport, Spiel und Hobby – Werziş, Lîstin û Hobî 49
Feiertage – Cejn 51
Reise und Verkehr – Ger û Trafîk 52
Andere Länder – Welatên din 55

7 **Die Natur – Siruşt** ... 57
Landschaft und Umgebung – Çîya û Banî û Hawirdor ... 57
Wetter – Hewa ... 59
Flora und Fauna – Flora û Faûna ... 61

8 **Gesellschaft und Wirtschaft – Cîvak û Aborî** ... 63
Landwirtschaft und Industrie – Çandin û Pîşezazî ... 63
Handel und Dienstleistung – Bazirganî û Xismetguzarî ... 65
Bevölkerung und Politik – Gel û Siyaset ... 66

9 **Wissenschaft – Zanistî** ... 69
Geschichte und Geisteswissenschaft – Dîrok û Zanistên hişmendî 69
Religion – Dîn ... 71
Literatur-, Sprach-, Filmwissenschaft
– Wêjenasî, Zimanzanî, Fîlmnasî ... 73
Naturwissenschaften und Mathematik
– Zanistên suriştî û Matematîk ... 76

10 **Kommunikation und Medien – Komunîkasyon û Medîya** ... 78

11 **Allgemeine Begriffe – Rêmanên gelemper** ... 82
Zahlen – Hejma ... 82
Mengen und Maße – Mîqdar û Pîve ... 85
Zeit und Raum – Dem û Cih ... 86
Jahreszeiten, Monate, Wochentage – Demsal, Meh, Rojên hefteyê 90
Farben und Formen – Reng û Qalib ... 92
Vergleich und Bewertung – Hempakirin û Nîrxandin ... 93
Ursache und Folge – Sedem û Encam ... 94
Pronomen, Konjunktionen, Adverbien – Cînav, Gihanek, Hoker .. 95

Anhang – Pêvek ... 98
Verbtabelle – Tabloya Lêkeran ... 98
Alphabetisches Register Deutsch – Pêrista alfabetîk Almanî ... 102
Alphabetisches Register Kurdisch – Pêrista alfabetîk Kurdî ... 121
Quellenangaben – Çavkanî ... 140

Vorwort – Pêşgotin

Dieses Buch zum **Kurdisch – Grundwortschatz** bietet mit 2500 Vokabeln eine umfangreiche Auswahl der gebräuchlichsten Wörter und Redewendungen.

Der Grundwortschatz ist nach Themengebieten geordnet. Die einzelnen Kapitel sind unabhängig voneinander aufgebaut und können je nach Interessenslage einzeln genutzt werden.

In den **INFO**-Boxen finden Sie hilfreiche Insider-Informationen über Land und Leute, die Gebräuche und die Kultur.

Das handliche Format und die übersichtliche Gestaltung erlauben es, dieses Büchlein überallhin mitzunehmen.

Die Vokabeln werden auch in österreichischem Deutsch angeführt.

Und jetzt! – Lassen Sie uns lernen!

Viel Erfolg! Serkeftin!

Alphabet und Aussprache – Elîfbe û Bilêvkirin

Tîp	*Tîpnav*	*Tîp*	*Tîpnav*
A a	[a]	M m	[me]
B b	[be]	N n	[ne]
C c	[dsche]	O o	[o]
Ç ç	[tsche]	P p	[pe] *bet. u. unbet.*
D d	[de]	Q q	[qe] *guttural*
E e	[e] *kurzes* ä/a	R r	[re] *rollendes r*
Ê ê	[ê] *lang*	S s	[se] *stimmlos*
F f	[fe]	Ş ş	[ş] *wie sch*
G g	[ge]	T t	[te] *bet. u. unbet.*
H h	[he]	U u	[u] *kurz*
I i	[i] *wie R**i**tter*	Û û	[û] *lang*
Î î	[î] *lang*	W w	[we] *wie engl. W*
J j	[ie] *franz. Ie*	X x	[xe] *wie ch*
K k	[ke] *bet.*	Y y	[ye]
L l	[le]	Z z	[se] *stimmhaft*

xw – wichtiger Doppellaut im Kurdischen

Hinweise zur Aussprache

Die im Kurdischen meistgebrauchten Laute sind die Laute **x** (ch), **i** (wie in R**i**tter), das klare und lange **ê** (wie in b**e**ten) sowie der Doppellaut **xw** (chw). Für Europäer schwierig ist der gutturale Kehllaut **q,** der aus dem Arabischen stammt. Man muss dabei den verwandten Laut **k** tiefer in die Kehle hinunterziehen.

Grammatikalische Angaben – Pêzaniyên Rêzimanî

Im Kurdischen gibt es männliche und weibliche sowie einige neutrale Nomen. Die Nennform ist immer gleichzeitig Einzahl und Mehrzahl: **sêv** (der Apfel, aber gleichzeitig die Äpfel). Das Geschlecht des Nomens (Subjekts) wird erst deutlich, wenn man es mit einem Adjektiv, einem Pronomen oder einem Besitz anzeigenden Nomen verbindet.
Ein kurzes Beispiel:

ê *Suffix bei männlichem Subjekt*
a *Suffix bei weiblichem Subjekt*
mêr – der Mann, aber gleichzeitig die Männer
mit Adjektiv: mêr**ê** egît (der tapfere Mann)
mit Possessivpronomen: mêr**ê** min (mein Mann)
mit anderem Nomen: mêr**ê** Narin**ê** (Narins Mann)
*(das Suffix **ê** bei Narin kennzeichnet den Kasus Obliquus)*

Das **ê** bei Narin hat in diesem Fall nichts mit dem Geschlecht, sondern mit dem Kasus zu tun. Im Kurdischen gibt es nur zwei Fälle. Den Kasus Rektus und den Kasus Obliquus. Der Kasus Rektus entspricht unserem Nominativ, alle anderen Fälle kennzeichnen sich bei männlichen Substantiven durch das Suffix **î**, bei weiblichen Substantiven durch das Suffix **ê**. Etwas verwirrend ist die Tatsache, dass das Suffix **ê** einerseits das Geschlecht des männlichen Nomens in Verbindung mit einem anderen Nomen, Pronomen oder Adjektiv darstellt und andererseits das Geschlecht des weiblichen Nomens im Kasus Obliquus.

jin – die Frau, aber gleichzeitig die Frauen
mit Adjektiv: jin**a** egît (die tapfere Frau)
mit Possessivpronomen: jin**a** min (meine Frau)
mit anderem Nomen: jin**a** Azad**î** (Azads Frau)
*(das **î** bei Azadî kennzeichnet einen Kasus Obliquus)*
Ein neutrales Wort: **doktor** (Arzt)

Um es kurz zu halten, nur mit einem Possessivpronomen als Beispiel:

(mînak) doktor**a** min (meine Ärztin), doktor**ê** min (mein Arzt)

Nomen werden in der Regel klein geschrieben. Ausnahmen sind Satzanfänge, Eigennamen und Überschriften.
Beim kurdischen Verb kann sich der Verbstamm so verändert, dass nur die Verbwurzel (oft ein einziger Buchstabe) übrigbleibt. Die Verben im Präsens werden überwiegend mit dem Präfix **di-** und einem Suffix, meistens **-im, -î, -e, -in** gebildet. In der Verbtabelle findet man die wichtigsten regelmäßigen und unregelmäßigen Verben, deren Formen im Singular angegeben werden (1. Pers. Präsens, 1. Pers. Präteritum und 2. Pers. Imperativ).
Transitive Verben (Verben die ein direktes Objekt verlangen) werden im Präteritum nicht mit den Personalpronomen **ez** (ich)**, tu** (du)**, ew** (er/sie/es)**, em** (wir)**, hûn** (ihr)**, ew** (sie) sondern mit dem Pronomen **min, te, wê, wî, me, we, wan** des Kasus Obliquus gebildet. Ein Großteil der Verben ist übrigens transitiv!
Falls Sie diese Erklärungen nicht verstehen, lassen Sie sich nicht verwirren! Einfach munter drauf los lernen. Das wichtigste ist der Wortschatz, die Grammatik kommt schon mit der Zeit und wird automatisiert.

Abkürzungen – Kurtebêja Peyvan

adj.	Adjektiv / Rengdêr
adv.	Adver / Hoker
interj.	Interjektion / Baneşan
konj.	Konjunktion / Gîhanek
num.	Zahlwort / Hejmar
pers.	Personalpronomen / Cînavê kesanî
poss.	Possessivpronomen / Cînavê xwemalîn
präp.	Präpostition / Daçek
pron.	Pronomen / Cînav
m.	Substantiv männlich / Navê nêr
n.	Substantiv neutral / Navê netar
w.	Substantiv weiblich / Navê mê
ve.	Verb / Lêker
ve. intr.	intransitives Verb / Lêkerê negerguhêz
ve. trans.	transitives Verb / Lêkerê gerguhêz

1 Zwischenmenschliche Beziehungen – Têkilîyên mirovane

Hier lernen Sie erste Wörter und Redewendungen zu Gefühlen, Charakter und Aussehen eines Menschen. Beim ersten Kennenlernen wird in der Regel in Erfahrung gebracht woher ein Mensch stammt, aus welcher Gegend er/sie kommt, ob er/sie Familie hat. In der Familie und im Bekanntenkreis spricht man über die Charaktereigenschaften, Neigungen und das Aussehen. Es war nicht immer üblich einem Menschen beim Kennenlernen die Hand zu reichen, viel eher wurde, wie in vorwiegend muslimischen Ländern gebräuchlich, die rechte Hand aufs Herz gelegt um die Worte: **selam aleykum** (Friede sei mit dir) auszusprechen. (Antwort: **aleykum selam)**. Jetzt wird immer öfter die Hand gereicht. Die meisten Frauen, besonders aus ländlichen Gebieten, strecken ihre Hand zur Begrüßung nicht aus.

Einander kennenlernen – Hev û din naskirin

Alo! *interj.*	Hallo! *(am Telefon)*
baş *adj.*	gut
Ev baş e.	Das ist gut.
beyan/sibeh *w./w.*	der Morgen
Beyanî baş! *w. adj. interj.*	Guten Morgen!
bûn – e/ye – î/yî[1] *ve. intr.*	sein – ist – bist
Ev nû ye.	Das ist neu.
Ev ne kevn e.	Das ist nicht alt.
çawa *pron.*	wie
(Tu) çawa nî?	Wie geht's dir?

1 Endet das Wort vor dem Verb sein auf einen Konsonanten, sagt man im – bin, î – bist, **e** – er/sie/es ist**, in** – sind/seid/sind. Endet das Wort vor dem Verb auf einen Vokals so sagt man **me** – bin, **yî** – bist, **ye** – er/sie/es ist, **ne** – sind/seid/sind.

çi *pron.*	was
Ew çi ye?	Was ist das?
êvar *w.*	der Abend
Êvar baş! *interj.*	Guten Abend!
ez – tu – hûn *pers.*	ich – du – Sie/ihr
Bi fermê! *interj. (am Telefon)*	Bitte schön!
Gelek sipas! *adj. w.*	Vielen Dank!
hev û din *präp.*	gegenseitig
ji ku *pron.*	woher
Tu ji ku yî?	Woher bist/stammst du?
jiyan *w.*	Leben
Jiyan xweş e!	Das Leben ist schön!
jiyîn *ve. intr.*	leben
kerem kirin[2] *ve. trans.*	herein bitten, Platz anbieten
Kerem bike!	Nimm Platz!
ku *pron.*	wo
Hûn diçin ku?	Wo geht ihr hin?
Tu ku derê rudinî?	Wo wohnst du?
mêvan *n.*	Gast
Bibe mêvanê/a me!	Sei unser Gast!
(yê, ya, yên) **min – te – we** *poss.*	mein – dein – euer/eure
gula min	meine Blume
(y)[3]a min	die Meine
(y)ê min	der Meine
(y)ên min	die Meinigen

2 Sehr viele Verben werden im Kurdischen mit dem Hilfsverb **kirin** gebildet. Das Präfix **di-** wird in diesem Fall an **kirin** angefügt. Es heißt also **nas dikim**- ich kenne.

3 Das **y** fällt weg, je nachdem ob das Wort vor dem Pronomen auf einen Vokal endet.

nas kirin *ve. trans.*	kennen
nav *m.*	Vorname
Navê te çî ye?	Wie heißt du?
navnîşan *w.*	Adresse
navnîşana we	eure Adresse
paşnav *m.*	Nachname
Paşnavê te çî ye?	Wie lautet dein Nachname?
pirsîn *ve. trans.*	fragen
Ez te dipirsim.	Ich frage dich.
pirs *w.*	Frage
Pirseke min heye.	Ich habe eine Frage.
rojbaş *w. interj.*	Guten Tag
rûniştin *ve. intr.*	wohnen
silav *w. interj.*	Gruß
silav dan *ve. trans.*	grüßen
spas *interj. w.*	Dank
spas dikim	ich danke
tika kirin *ve. trans.*	bitten
xatir xwestin *m.+ve. intr.*	Verabschiedung *(zu deinem Gefallen)*
Xatirê te!	Auf Wiedersehen! *(Gehender)*
Oxir be!	Auf Wiedersehen! *(wörtl. es sei Glück, Bleibender)*
xwe[4] *pron.*	mich/dich/sich/uns/euch/sich
Ez xwe nas dikim.	Ich kenne mich.

4 Die deutschen Reflexivpronomen des 2., 3. und 4. Falles werden im kurdischen Kasus Obliquus (der alle drei Fälle ersetzt) immer durch das Reflexivpronomen **xwe** dargestellt.

Charakter – Xîslet

aram *adj.*	ruhig
axivok *adj.*	redselig
balkêş *adj.*	interessant
bêdeng *adj.*	still
bêşerm *adj.*	unverschämt
hêrsok *adj.*	nervös, leicht aggressiv
dilgerm *adj.*	warmherzig
dilpak *adj.*	gutherzig
Hêvî dilpak e.	Hevi ist gutherzig.
dilsoz *adj.*	treu
durust *adj.*	ehrlich
ecêb *adj.*	seltsam
efendî *adj.*	höflich/fein
gêjo *m.*	Dummkopf
exlaq *m.*	Charakter
jîr *adj.*	fähig
Ew mirovekî jîr e.	Er ist ein fähiger Mensch.
kubar *adj.*	vornehm
lava kirin *ve. trans.*	flehentlich bitten
mirov *n.*	Mensch
nefsbiçuk *adj.*	bescheiden
paqij *adj.*	sauber/rein
Mal paqij e.	Die Wohnung/Das Haus ist sauber.
qanî kirin *ve. trans.*	überzeugen
qenc *adj.*	gut/angenehm
neqenc *adj.*	nicht gut/unangenehm

ruh *m.* — Seele
rûken *adj.* — fröhlich
(tev)gerîn[5] *ve. intr.* — verhalten
xerab *adj.* — schlecht
xweperest *adj.* — egoistisch
Xweperest nebe! — Sei nicht egoistisch!
xwînşirîn *adj.* — liebenswürdig/nett *(wörtlich. süßes Blut)*

INFO Die Höflichkeitsform **hûn** wird im Kurdischen nicht viel benutzt und falls sie benutzt wird, nur in intellektuellen Kreisen. Respekt wird über das Verhalten und die Wortwahl gezeigt. So sollte man einem älteren Menschen keine persönlichen Fragen stellen, sondern warten bis man selbst gefragt wird. Bei den Kurden wird besonders viel Wert auf den Ruf eines Menschen gelegt. Steht beispielsweise eine Heirat in Aussicht, erkundigt man sich nach dem Charakter, der Anständigkeit und Ehrlichkeit des potentiellen Partners.

Sich Unterhalten und Tratschen – Sohbet û Galegalkirin

hîs kirin *ve. trans.* — fühlen
Azad xwe baş hîs dike. — Azad fühlt sich gut.
aciz bûn *ve. intr.* — sich langweilen
Tu aciz buyî? — Ist dir langweilig?
aciz kirin *ve. trans.* — belästigen
bal kişandin *ve. trans.* — interessieren
behnteng bûn *ve. intr.* — verstimmt sein

---

5 Bei Verben, denen eine Präposition vorangestellt ist, wird das Präfix **di-** an den Verbstamm nach der Präposition angehängt. Es heißt somit tev**di**gerim – ich verhalte mich. Die Präposition steht immer in einer Klammer.

behs kirin *ve. trans.*	sagen, erzählen
Behs bike!	Erzähl!
bêkes *adj.*	einsam
bêrî kirin *ve. trans.*	vermissen
Min bêriya welêt[6] kir.	Ich habe die Heimat vermisst.
bihevre *adv.*	zusammen
bihîstin *ve. trans.*	hören
Te bihîst ku ...?	Hast du gehört, dass ...?
çavnebarî kirin *ve. trans.*	beneiden
çima *adv.*	warum
devjênî kirin *ve. trans.*	diskutieren, streiten
dilbikul *adj.*	traurig *(wörtl. durchlöchertes Herz)*
dilgeş *adj.*	froh
dilîn *adj.*	mitfühlend
dîtin *ve. trans.*	sehen
Em dixwazin te bibînin.	Wir wollen dich sehen!
emîn *adj.*	sicher
êşîn *ve. trans.*	schmerzen
Serê min diêşe!	Mein Kopf schmerzt.
fêm kirin *ve. trans.*	verstehen
Tu fêm nakî.	Du verstehst nicht.
fikirîn *ve. trans.*	denken
Tu çi difikirî?	Was denkst du?
girîn *ve. intr.*	weinen
Negrî! *interj.*	Weine nicht!

6 Ausnahme: das **a** in welat wird hier im Kasus Obliquus zu **ê** im Wort und nicht am Wortende, wie es sonst geschieht. Ein weiteres Beispiel: **bajar** wird im Kasus Obliquus zu **bajêr**. Als Regel kann man sich merken, dass das **a** im Auslaut eines Nomens im Kasus Obliquus zu **ê** wird.

gotin[7] *ve. trans.*	sagen
(ve) gotin *ve. trans.*	erzählen
henek *w.*	Witz
Henekekî bêje!	Erzähl einen Witz!
hêvî kirin *ve. trans.*	hoffen
hez kirin *ve. trans.*	lieben
Ew wê hez dike.	Er liebt sie.
hîştin *ve. trans.*	lassen
Min bihele!	Lass mich!
kenîn *ve. intr.*	lachen
Bêrîvan pir dikene.	Berivan lacht viel.
kirin *ve. trans.*	machen
Ez nizanim çi bikim!	Ich weiß nicht, was ich tun soll!
lê borin *ve. trans.*	entschuldigen
Li min bibore….	Entschuldige mich…
meraq kirin *ve. intr.*	sorgen
Meraq neke!	Sorge dich nicht!
metel mayîn *ve. trans.*	sich wundern
nas kirin *ve. trans.*	kennen lernen
Tu dixwazî min nas bikî?	Möchtest du mich kennen lernen?
paşbêjî kirin *ve. intr.*	tratschen *(wörtl. hinterher reden)*
(pê)kenîn[8] *ve. trans.*	über jemanden/etwas lachen
pirsîn *ve. trans.*	fragen
qaîl bûn *ve. intr.*	einverstanden sein
qestane *adj*	absichtlich

7 Das Verb **gotin** ist unregelmäßig: ez **dibejim** – ich sage, tu – **dibejî** – du sagst, ew **dibeje** – er/sie sagt, min **got** – ich sagte.

8 **pê** wird zu **bi** (die Person über die gelacht wird/wurde) **kenîn**. Em **bi** te **kenîyan**. – Wir lachten über dich.

(ra)girtin *ve. trans.*	ertragen/dulden
Tu çawa radigrî?	Wie erträgst du das?
(ra)kirin *ve. trans.*	aufheben
Çentê rabike!	Heb die Tasche auf!
razî bûn *ve. intr.*	zufrieden sein
Ez razî me.	Ich bin zufrieden.
rewş *w.*	Zustand/Befinden
şad *adj.*	glücklich
Ez şad im.	Ich bin glücklich!
şaş bûn *ve. intr.*	falsch liegen *(wörtl. sein)*
şermok *adj.*	schüchtern/schamhaft
şîrove kirin *ve. trans.*	erklären
Ji min re şirove bike!	Erklär es mir!
sist *adj.*	willenlos
sist bûn *ve. intr.*	schwach werden *(moralisch)*
spasdar *adj.*	dankbar
temam *adj.*	in Ordnung, ok
tiral *adj.*	faul
tirsîn *ve. trans.*	fürchten
Ez ji ti tiştî natirsim!	Ich fürchte mich vor gar nichts!
wekhev *adj.*	gleich
winda kirin *ve. trans.*	verlieren
wurşedar *adj.*	großartig
xeber kirin *ve. trans.*	reden
xedar *adj.*	grausam
xêlek *adv.*	bald
xemgîn *adj.*	traurig
xerîb bûn *ve. intr.*	fremd sein

xeyidîn *ve. intr.*	beleidigt sein
xwebawer *adj.*	selbstbewusst
xweş çûn *ve. trans.*	gefallen
Ew xweşa min diçe.	Das gefällt mir.
xwestin *ve. trans.*	wollen
Tu çawa dixwazî.	Wie du willst.
daxwaz *w.*	Wunsch
zanîn *ve. trans.*	wissen

Aussehen – Bejn û Bal

bedew *adj.*	schön *(für weibl. Person)*
bedewî *m.*	Schönheit
bejinbilind *adj.*	groß gewachsen
ciwan *adj.*	jung, fesch
esmer *adj.*	dunkelhaarig/dunkler Typ
jin *w.*	Frau
jina pîr	alte Frau
keç *w.*	Mädchen
ken *w.*	Lächeln
Kena wê xweş e.	Ihr Lächeln ist schön!
kin *adj.*	klein gewachsen
law *m.*	Junge
mêr *m.*	Mann
mêrê kal	alter Mann
mezin *adj.*	groß
piçûk *adj.*	klein

por *m.*	Haar
porê donekî	fettiges Haar
porsor *adj.*	rothaarig
poz *m.*	Nase
Poza wî mezin e.	Er hat eine große Nase!
qelew *adj.*	dick
qels *adj.*	dünn
rî *m.*	Bart
riyê[9] xwe berdan	sich einen Bart wachsen lassen
serçav[10] *m.*	Gesicht
şibîn *ve. intr.*	ähneln
Wan dişibînin hev.	Sie sehen sich ähnlich.
şirîn *adj.*	süß
Tu şirîn î.	Du bist süß.
wê/wî[11] *pers.*	er/sie
Ew mala wê/wî ye.	Das ist ihr/sein Haus.
xort *m.*	junger Mann
xurt *adj.*	stark
xuya kirin *ve. trans.*	aussehen
Tu baş xuya dikî!	Du siehst gut aus!
zirav *adj.*	schlank *(für weibl. Person)*

9 **rî** wird in Verbindung mit einem anderen Wort wie **riyê** xwe (seinen Bart) zu **iyê**. Als Regel gilt, wenn **î** und **ê** zusammentreffen, wird **î** zu **i** und ein **y** wird eingeschoben.

10 Das Wort **serçav** bedeutet wörtlich „Kopf, Augen". Es gibt im Kurdischen mehrere Wörter für den Begriff Gesicht. So werden auch die Wörter **rû** und das aus dem Arabischen stammende Wort **sûret** verwendet.

11 Hier ist das Personalpronomen für ihn/sie im Kasus Obliquus gemeint. Das sind alle Fälle außer dem Nominativ. Ein Beispiel für den Akkustativ: Ich sehe ihn. – Ez **wî** dibînim. Ich mag sie. – Ez **wê** hez dikim.

INFO Wenn man bei jemandem zu Gast ist oder Verwandte besucht, begrüßt man zuerst die Ältesten, Mann wie Frau, indem man ihnen die Hand küsst und sie sich an die Stirn hält. Man erkundigt sich nach dem allgemeinen Befinden und der Gesundheit. Etwas Ältere und gleichaltrige Personen werden durch Küsschen auf beide Wangen oder durch Hand geben begrüßt. Hierbei gibt es eine Geschlechtertrennung – geküsst wird jeweils nur die gleichgeschlechtliche Person.

2 Heim und Familie – Mal û Malbat

Das Leben in Kurdistan war immer sehr ländlich geprägt. Seit einigen Jahrzehnten hat die große Landflucht begonnen und viele Familien wohnen inzwischen in Häusern und Wohnblocks in der Stadt. Trotz großzügiger Quadratmeterzahl kann es sein, dass nur zwei Räume genutzt werden, meistens die Küche und das Wohnzimmer. Wenn Gäste zu Besuch kommen, gehört es zum guten Ton für diese ein Fleischgericht zuzubereiten. Bei sehr wichtigen Gästen kann es sogar sein, dass extra ein Schaf geschlachtet wird, das nennt man **pêz serjêkin**. Als Getränk serviert man **avdew** (eine salziges Joghurtgetränk, bekannt auch unter dem Namen **ayran**).

Familie und Verwandtschaft – Malbat û Pismamtî

ap *m.*	Onkel väterlicherseits
bapîr/kalik *m.*	Opa, Großvater
bav *m.*	Vater
Ew wekî bavê xwe ye!	Er ist wie sein Vater!
bavûdê *w.*	Eltern
bebik *w.*	Baby
nûza *n.*	Neugeborenes
bira *m.*	Bruder
bûk *w.*	Braut
canê min *m.*	mein Leben (*wörtl. Liebkosung)*

çav *m.*	Augen
dapîr *w.*	Oma, Großmutter
dawet *w.*	Hochzeit
dê *w.*	Mutter
dest *m.*	Hand
Ez tême destê te!	Ich küsse dir die Hand! (wörtl. komme zu deiner Hand, Jüngere an Ältere/n)
Ez tême çavên te!	Ich küsse dir die Augen! *(Ältere an Jüngere/n, wörtl. ich komme...)*
destgirtî *adj.*	verlobt *(wörtl. Hand gehalten)*
eqreba/pismam[12] *n./n.*	Verwandter
pismamtî *w.*	Verwandtschaft
evîndar *adj.*	verliebt
Em evîndar in.	Wir sind verliebt!
heval *n.*	Freund
hez kirin *ve.*	lieben
Ez te hez dikim!	Ich liebe dich!
keça min *w.+poss.*	Tochter *(wörtl. mein Mädchen)*
kurê min *m.+poss.*	Sohn *(wörtl. mein Junge/Bub)*
kur *m.*	Junge/Sohn
kur+ap/xal – keç+ap/xal *m./w.*	Cousin/Cousine *(siehe Infobox)*
kur+met/xatî – keç+met/xatî *m./w.*	
maç kirin *ve. trans.*	küssen
malbat *w.*	Familie
Malbata min mezin e.	Meine Familie ist groß.

12 Die Wörter **eqreba** und **pismam** haben die gleiche Bedeutung und werden beide im Alltag verwendet. Das Wort **eqreba** stammt ursprünglich aus dem Arabischen.

met *w.*	Tante väterlicherseits
mêr kirin *ve. trans.*	heiraten *(wörtl. Mann machen, bei der Braut)*
mezin kirin *ve. trans.*	aufziehen/erziehen
Min wan mezin kir!	Ich habe sie erzogen!
nevî *n.*	Enkel
şû/mêr *m.*	Ehemann
xalo *m.*	Onkel mütterlicherseits
xatî *w.*	Tante mütterlicherseits
xêzan/jin *w.*	Ehefrau
xezûr/xasî *m./w.*	Schwiegervater/Schwiegermutter
xwey *m.*	Familienoberhaupt
xwişk *w.*	Schwester
zar(ok) *n.*	Kind
Zarokên te hene?	Hast du Kinder?
zava *m.*	Bräutigam
zewac *w.*	Ehe
zewicî *adj.*	verheiratet
Tu zewicî yî?	Bist du verheiratet?

INFO Wenn man in Kurdistan von seiner Familie spricht, meint man oft die gesamte Verwandtschaft, mit Oma und Opa, Onkeln und Tanten. Eine Hochzeit ist immer ein Großereignis und der Höhepunkt im Leben zweier junger Menschen. Es ist üblich zuerst einige Zeit im Hause der Schwiegereltern, mit ihnen zusammen, zu leben. Die Wörter für Cousin und Cousine sind etwas kompliziert. Man verbindet das Wort für Sohn/Tochter mit dem jeweiligen Wort für Onkel oder Tante. **Kurap** heißt in diesem Fall «Sohn des Onkels» (väterlicherseits) und **keçxaltî** «Tochter der Tante» (mütterlicherseits). Kinder zu haben und verheiratet zu sein ist für den Kurden/die Kurden sehr wichtig.

Wohnen – Rûniştin

balgî *w.*	Kissen
banyo *w.*	Badezimmer
Ez banyo paqij dikim.	Ich putze das Bad.
bax *w.*	Garten
bermalî *w.*	Hausfrau
bin *m.*	Boden
bostan *w.*	Gemüsegarten
dan kirê *ve. intr.*	vermieten, zur Miete geben
dest şûştin *ve. trans.*	Hände waschen
diwar *m.*	Wand
dolab *m.*	Schrank
germ *adj.*	warm
girtin *ve.*	schließen
Dêrî bigre!	Schließ die Tür!
gund *m.*	Dorf
havîngeh *w.*	Ferienhaus
bêxwedî *adj.*	herrenlos
kalorîfer *w.*	Heizung
karê malê *m.*	Hausarbeit
kirê kirin *ve. trans.*	mieten
Em dixwasin malekî kire bikin.	Wir wollen eine Wohnung mieten.
lihêf *w.*	Bettdecke
lîwan *w.*	Wohnzimmer
mal *w.*	Wohnung
Ez wê malê dikirim.	Ich kaufe jenes Haus.
Ez vê malê dikirim.	Ich kaufe dieses Haus.

malişţin *ve. trans.*	wischen
Tu dikarî binî bimalişî?	Kannst du den Boden wischen?
mase *w.*	Tisch
ruberê maseyê	Tischtuch
mutbex/pêjgeh *w./w.*	Küche
Mutbexa me nû ye.	Unsere Küche ist neu.
nivîn *w.*	Bett
ocax *w.*	Herd
ode *w.*	Zimmer
odeya razanê *w.*	Schlafzimmer
paqij kirin *ve. trans.*	putzen
pêlêkan *w.*	Treppe
pencere *w.*	Fenster
perde *w.*	Vorhang
qat *m.*	Stockwerk
qatî *w.*	Zimmerdecke
qenepe *w.*	Sofa
rabûn *ve. intr.*	aufstehen
rakirin *ve. trans.*	wecken
ronahî *w.*	Licht
ronî *ad.j*	hell
rûnişţin *ve. intr.*	setzen
Keremke rûne!	Bitte, setz dich!

INFO Wenn man wissen möchte, was Emanzipation im Haus bedeutet, sollte man eine kurdische Familie daheim besuchen. Im Haus hat der Mann nicht allzu viel zu sagen, ein Sprichwort: «Die Frau ist die Festung, der Mann der Gefangene!» – **«Jin keleh e, mêr girtî ye!»**

sabûn *w.*	Seife
şaneşîn *w.*	Balkon
sar *adj.*	kalt
sendelî *w.*	Stuhl
serçawa hatin *interj.*	willkommen sein
serobinoyî *adj.*	durcheinander, unordentlich
serşok *w.*	Dusche
şimik *w.*	Hausschuhe
sobe *w.*	Ofen
Sobê vêxe!	Heiz den Ofen ein!
standin *ve trans.*	kaufen
distînim	ich kaufe
tarî *adj.*	dunkel
tevlîhev *adj.*	durcheinander
tewle *w.*	Stall
tualet *w.*	Toilette
vekirin *ve.*	öffnen
Dêrî veke!	Öffne die Tür!
vêxistin *ve. trans.*	einheizen
xanî *m.*	Haus
xaliçe *w.*	Teppich *(meist. aus Wolle)*
xerab *adj.*	kaputt/schlecht
xewn dîtin *ve. trans.*	träumen *(wörtl. Traum sehen)*
xewn *w.*	Traum
xwe şûştin *ve. trans.*	sich waschen
Ew xwe dişû.	Sie/Er wäscht sich.
zengil *m.*	Klingel
zevî *w.*	Feld

Essen und Kochen – Xwarin û Pejandin

alî kirin *ve. trans.*	helfen
avdew *m.*	Joghurtgetränk/Ayran
bacanê reş *m.*	Auberginen
bacanê sor *m.*	Tomaten
beroş *w.*	großer Topf
bêrûn *adj.*	mager
birçî *adj.*	hungrig
birinc *m.*	Reis
pîlaw *w.*	gekochter Reis
birûn *adj.*	fettig
çay *w.*	Tee/Schwarztee
ceh *m.*	Gerste
çetel *m.*	Gabel
dendik *m.*	Kern/Sonnenblume
fincan *w.*	Tasse
firaq *w.*	Geschirr
firavîn/nanê nîvro *m./w.*	Mittagessen
givaştin *ve.*	ausdrücken
goşt *m.*	Fleisch
hêjîr *w.*	Feige
hêk/hêkerûn *m./w*	Ei/Spiegelei
hingiv *m.*	Honig
hirmî *m.*	Birne
hûr kirin *ve. trans.*	zerkleinern
îskan *w.*	Trinkglas
gûz *w.*	Nuss

INFO Das Trinken von Schwarztee **çay** ist aus der gesamten Trinkkultur des Nahen Ostens nicht wegzudenken. Egal ob Gäste zum Frühstück oder am Abend kommen, meistens wird nach dem Essen noch Tee gereicht. Das Fladenbrot, das auf dem **sêl** (ähnelt einem Riesen-Wok, der auf offenem Feuer benutzt wird) gebacken wird, ist dünn und rund. Brot wird in Kurdistan zu jedem Essen serviert.

îsot *w.*	Paprika
jê kirin *ve. trans.*	schneiden
kartol *w.*	Kartoffel/Erdäpfel
kel *adj.*	heiß *(flüssig)*
kelandin *ve. trans.*	kochen
kêr *w.*	Messer
kevçî *m.*	Löffel
Kevçî li ku ne?	Wo sind die Löffel?
lîmon *w.*	Zitrone
meqarne *w.*	Nudeln
meqes *w.*	Schere
(Ji) min (re) meqesek hewce ye.	Ich brauche eine Schere!
nan *m.*	Brot *(auch für Essen allgemein)*
pejandin *ve. trans.*	backen
penîr *m.*	Käse
pîvaz *w.*	Zwiebel
Pîvaz hûr bike!	Zerkleinere die Zwiebel!
qawin *m.*	Honigmelone
quşxane *w.*	Kochtopf
(ra)kirin *ve. trans.*	wegräumen
rûn *w.*	Fett

INFO Vor dem Essen sprechen muslimische Kurden die Worte **Bîsmîllahîrahmanîrahîm,** «Im Namen des barmherzigen und gnädigen Gottes».
Der Gebrauch von Messer und Gabel ist nicht üblich. Meistens wird mit dem Löffel und den Händen gegessen. Oft isst die ganze Familie aus einem Teller. Dabei wird bei jedem Bissen ein Stück Fladenbrot abgerissen und quasi als Besteck benutzt – so bleibt das Ganze hygienisch.

rûna malê *w.*	Butter
sarinc *w.*	Kühlschrank
şekir *m.*	Zucker
sêv *w.*	Apfel
şîr *m.*	Milch
şîş kebab *w.*	Fleischspieß
şîv *w.*	Abendessen
sor kirin *ve. trans.*	braten
şorbe *w.*	Suppe
Bala xwe bide, şorbe kel e!	Vorsicht, die Suppe ist heiß!
şorbeya zozanî *w.*	Joghurtsuppe
tam *w.*	Geschmack
Tama xwarinê nîn e!	Das Essen hat keinen Geschmak!
taştê *m.*	Frühstück
tawe *w.*	Pfanne
teze *adj.*	frisch
teyfik *m.*	Teller
tî *adj.*	durstig
tirî *m.*	Traube
to *m.*	Sahne/Obers

top kirin *ve. trans.*	aufräumen
xurme *w.*	Dattel
xwarin *ve. trans.*	essen
Te nanê nîvro xwar?	Hast du zu Mittag gegessen?
xwarin *w.*	Essen
xwê *w.*	Salz
zebeş *m.*	Wassermelone
zerdalî *m.*	Aprikose/Marille
zeytûn *w.*	Oliven

INFO Eine bei den Kurden sehr beliebte Süßigkeit ist **hawle,** das sogenannte Mehlhelva. Dabei wird Mehl in Butter auf kleiner Hitze so lange geröstet, bis es goldgelb wird, dann mengt man Zuckerwasser, das vorher zu einem Sirup verkocht wurde, unter. Den Brei lässt man ca. 10 Minuten stehen und formt sodann kleine Kugeln.
Großartige Völlerei war in Kurdistan schon aufgrund der kargen Lebensbedingungen nicht möglich. Es ist eine ländliche Küche mit Hauptnahrungsmitteln wie Weizen **(genim)**, Milchprodukten wie Butter und Honig **(şîr û hingiv)**, Lamm- und Schaffleisch **(goştê berx û goştê pêz)**.

3 Gesundheit und Körper – Tendurîstî û Beden

Das Erkundigen nach der Gesundheit ist in der Familie und besonders bei älteren Familienmitgliedern sehr wichtig. Man erzählt gerne von seinem **hal/rewş** Gesundheitszustand. **Halê min baş e/ne baş e!** – Es geht mir gut/nicht gut, **Ez nexweş** im. – Ich bin krank.

Körperteile und Befinden – Alavên Bedenê û Rewş

agir *m.*	Fieber
Agirê wî heye.	Er hat Fieber.
alerjî *w.*	Allergie
alkol *w.*	Alkohol
baş/çêtir *adj.*	gut/besser
Tu baş î?	Geht es dir gut?
berbat *adj.*	miserabel
berdan *ve. trans.*	lassen
cigare berdan	das Rauchen lassen
bijang *w.*	Wimpern
birîn *w.*	Wunde
birû *m.*	Augenbrauen
cîld *w.*	Haut
derman *m.*	Medikament
derman xwarin	ein Medikament einnehmen
dest *m.*	Hand
dev *m.*	Mund
dil *m.*	Herz
diran *m.*	Zahn

INFO Im Kurdischen gibt es sehr viele Adjektive die vom Nomen **dil** «Herz» abgeleitet sind, z.B. **dilketî, dilgeş, dilpak, dilnerm, dilkevir, dilîn** – «verliebt, fröhlich, gutherzig, weichherzig, Herz aus Stein, emotional usw.» Ein netter Spruch ist auch: **Destê wê dilerizî, dilê wê dişewitî**. – «Ihre Hand zitterte, ihr Herz brannte.»

ducanî *adj.*	schwanger *(wörtl. zwei Leben)*
Pênc meh in ez ducanî me.	Ich bin seit 5 Monaten schwanger.
gep *m.*	Backe/Wange
gerden *w.*	Hals
grîp *w.*	Grippe
guh *m.*	Ohr
(hil)pişkîn[13] *ve. intr.*	niesen
hindik *adv.*	wenig
ji xwe ve çûyîn *ve. intr.*	ohnmächtig werden
jiyan *w.*	Leben
Jiyana me zor e.	Unser Leben ist schwer.
jiyîn *ve. trans.*	leben
kêm *adv.*	selten
kêm û kêm	immer seltener
keştandin *ve. trans.*	brechen
ketin cilan *ve. intr.*	Periode *(wörtl. in den Stoff gefallen)*
kişandin *ve. trans.*	rauchen
Ez cigare nakşînim.	Ich rauche keine Zigaretten.

13 Hier handelt es sich wieder um ein Verb, das in Verbindung mit einer Präposition gebildet wird. In diesem Fall wird das Präfix **di** an den Verbteil nach der Präposition angehängt: ich niese – ez hil**di**pişkim. Die Präposition wird immer in Klammer dargestellt.

kuxîn *ve. intr.*	husten
Ew pir dikuxe.	Er/Sie hustet viel.
ling *m.*	Bein
Min lingê xwe keştand.	Ich habe mir das Bein gebrochen.
mezin bûn *ve. intr.*	heranwachsen
mil *m.*	Arm
mirin *ve. intr.*	sterben
Jina wî dimire.	Seine Frau stirbt.
nexweş *adj.*	krank
nihêrîn *ve. trans.*	aufpassen/sich kümmern
Ez ê baş xwe binherim!	Ich werde gut auf mich schauen!
pak *adj.*	gesund
perhîz girtin *ve. trans.*	Diät halten
pê *m.*	Fuß
peçî *m.*	Zehe
pêsîr *w.*	Busen
pircar *adv.*	oft
Pêwîst e tu pircar bigerî!	Du sollst oft spazieren!
pir[14] **zêde** *adv.*	viel mehr
pişik *w.*	Lunge
pişt *w.*	Rücken
qirik *w.*	Kehle
sax man *ve. intr.*	überleben
ser *m.*	Kopf
Serê min diêşe.	Ich habe Kopfweh.

14 Gesprochen mit dem mehrmals angeschlagenen rollenden **r**, das vorne hinter der oberen Zahnreihe mit der Zungenspitze gebildet wird. Schreibvariante **pirr**.

serma *w.* Erkältung
serma girtin sich erkälten
sing *m.* Brust/Brustkorb
înfeksiyon girtin *ve. trans.* infizieren
tedawî *w.* Behandlung
tilî *m.* Finger
tilyak *w.* Droge
xamatî *w.* Teenageralter
xerab/xerabtir *adj.* schlecht/schlechter
xeternak *adj.* gefährlich
Xeternak nîn e. Ist nicht gefährlich.
xwîn *w.* Blut
ziman *m.* Zunge/Sprache

Krankenhaus und Arzt – Nexweşxane û Bijîşk

alîkarî *w.* Hilfe
Gazî alîkarî bike! Ruf Hilfe!
Alîkariya Pêşîn *w.* Erste Hilfe
ambûlans *w.* Rettung
Bi fermo, kincên xwe derxin! Ziehen Sie sich bitte aus!
bijîşk/doktor *n./n.* Arzt
serbijîşk *n.* Chefarzt
cidî *adj.* ernst
Rewşa wê cidî ye. Ihr Zustand ist ernst.
derxistin *ve. trans.* ausziehen
kinc ji xwe derxistin sich die Kleider ausziehen
êşîn *ve. trans.* schmerzen

INFO Der Großteil der Bevölkerung geht in die staatlichen Krankenhäuser. Nur bei einem besonderen Problem oder einer schweren Krankheit konsultiert man den **doktorê taybet** (Privatarzt). Bei psychischen Problemen wird zumeist der **melê** (islamische Geistliche) im Dorf besucht, damit er ein **dûa** (ein Gebet) aus dem **Qur'an (**Koran) liest.

gazî kirin *ve. trans.*	rufen
hûrnêrîn *w.*	Analyse
lebitîn *ve. intr.*	bewegen
Hûn dikarin xwe bilebitin?	Können Sie sich bewegen?
nexweş *n.*	Patient
nexweşî *w.*	Krankheit
normal *adj.*	normal
qewimîn *ve. intr.*	passieren
Li vir çi qewimî?	Was ist hier passiert?
qeza *m.*	Unfall
xelas kirin *ve. trans.*	retten
xwe dirêj kirin *pron. + ve. trans.*	sich hinlegen
xwe zivirandin *pron. + ve. trans.*	sich umdrehen
Ew xwe dizivirîne.	Er/Sie dreht sich um.
amelet *w.*	Operation
hatin (ber)dan *ve. trans.*	entlassen werden
Ez duh hatim berdam.	Ich wurde gestern entlassen.
cerrah *n.*	Chirurg
dermanxane/eczane *w./w.*	Apotheke
dest dan *ve. trans.*	berühren, anfassen
Wexta dest didimê diêşe?	Tut es weh, wenn ich berühre?

fetisîn *ve. intr.*	ersticken
Ez difetisim!	Ich ersticke!
fireh *adj.*	weit
Devê xwe fireh weke!	Öffne deinen Mund weit!
hemşîre *w.*	Krankenschwester
Gazî hemşîreyê bike!	Ruf die Krankenschwester!
kişandin *ve. trans.*	ziehen
diran kişandin	den Zahn ziehen
nexweşxane *w.*	Krankenhaus
cerah *n.*	Chirurg
pêç *w.*	Verband
Ew pêça birîna min diguhere.	Er/Sie wechselt meinen Verband.
rapor *w.*	Krankschreibung
reçete *w.*	Rezept
rontgên kişandin *ve. trans.*	röntgen, ein Röntgenbild machen
şewat *w.*	Brand
xeniqîn *ve. intr.*	ertrinken
Hindik ma ew bixenike.	Er/Sie wäre fast ertrunken.
xwar kirin *ve. trans.*	beugen, nicken
Gava ..., serê xwe xwar bike!	Nicke wenn, ...!
xwe jehrandin *pron. ve.trans.*	sich vergiften

INFO Als es früher noch keine Krankenhäuser gab, wurde ein schwerkrankes Kind in die **eyar**, die frische noch warme Haut eines geschlachteten Schafes, eingewickelt, damit es dort ordentlich schwitzen und so die Krankheit überwinden konnte.

4 In der Stadt – li Bajêr

Die Stadt **Amed** (Diyarbakir), am oberen Ende des Euphrats gelegen, ist das wirtschaftliche Zentrum Südostanatoliens. Sie hat ca 1,5 Millionen Einwohner und besitzt mit vier Toren und über 70 Wehrtürmen eine der größten und besterhaltenen Befestigungsanlagen.

Bummeln und Einkaufen – Gerîn û Kirîn

bal dayin *ve. trans.*	aufpassen
bazar *w.*	Markt
bazar kirin *ve trans.*	verhandeln (Preis)
belaş *adj.*	kostenlos
biha *adj.*	teuer
çente *w.*	Handtasche
Çente biha ye.	Die Tasche ist teuer.
cizdan *w.*	Geldtasche
derzivan *n.*	Schneider
dirav dan *ve. trans.*	bezahlen
dîtin *ve. trans.*	finden
jê hatin dizîn *ve. trans.*	bestohlen werden
Çente ji min hat dizîn.	Die Tasche wurde mir gestohlen.
dikan *m.*	Geschäft
erzan *adj.*	billig
firin *w.*	Bäckerei
hewce bûn *ve. trans.*	notwendig sein
(Ji) me (re) nan hewce ye.	Wir brauchen Brot.
kîsik *m.*	Beutel/Sack

lê gerîn[15] *ve. trans.*	suchen
Ew li te geriya.	Er/Sie suchte nach dir.
mesref *w.*	Kosten
pardanî *m.*	Teilzahlung
pêwîst bûn *ve. intr.*	erforderlich sein/tun sollen/müssen
Pêwîst e here wê derê.	Er muss dort hin gehen.
qesabxane *w.*	Fleischerei
solbend *n.*	Schuster
standin *ve. trans.*	kaufen
Ez meywe distînim.	Ich kaufe Obst.
sûpermarket *m.*	Supermarkt
sûvenîr *m.*	Souvenir
winda kirin *ve. trans.*	verlieren

Bekleidung und Schmuck – Cil û Xeml

bazin *m.*	Armreifen
berdilk *w.*	Halskette
bincilk *w.*	Unterwäsche
bluz *w.*	Bluse
bot *w.*	Stiefel
caw *m.*	Tuch
cewahir *w.*	Schmuck
cot *w.*	ein Paar *(für Dinge)*
cotek solan	ein Paar Schuhe
daw *w.*	Rock

15 Die Präposition vor dem Verb **gerin** teilt sich. **Lê** wird zu **li** ..(nach was man sucht)… **diger**im. Ich such nach… Ez li cizdanê digerim. – Ich suche nach der Geldtasche.

INFO Es ist üblich, Lebensmittel, Gebrauchsgegenstände für den Haushalt sowie Hygieneartikel am wöchentlichen **bazar** (Markt) einzukaufen. Die Händler stellen ihre Stände auf und preisen lautstark ihre Ware an. Es gibt inzwischen in den Ballungszentren Einkaufzentren nach westlichem Vorbild.

derxistin *ve. trans.*	ausziehen
derpê *w.*	Unterhose
deterjan *w.*	Waschmittel
destmal *w.*	Tuch
destmala serî	Kopftuch
destmalk *w.*	Taschentuch
diranfîl *m.*	Elfenbein
dûr *w.*	Perle (aus Perlmut)
fayike *w.*	Jacke
gomlek *m.*	Hemd
gore *w.*	Socke
guhar *w.*	Ohrring
gustîl *w.*	Ring
hevrişîm *w.*	Seide
hirî *w.*	Wolle
kehrîban *w.*	Bernstein
kevirê giranbuha *w.*	Edelstein
kinc *w.*	Kleid
kincê bûkaniyê	Brautkleid
kiras *m.*	Unterhemd
mircan *w.*	Koralle
mont *w.*	Mantel

morî *w.*	Perle
neynik *w.*	Spiegel
pembû *w.*	Baumwolle
qazax *m.*	Pullover
qûmaş *w.*	Stoff
şal *m.*	Hose
sîntetîk *adj.*	synthetisch
sol *w.*	Schuhe
stûmal *w.*	Umhang
şûştin *ve. trans.*	waschen
bi dest şûştin	mit der Hand waschen
xwe kirin *ve. trans.*	anziehen
zêr *m.*	Gold
zîv *m.*	Silber

Café und Restaurant – Çayxane û Loqante

bestenî *w.*	Eis
çay *w.*	Tee
çay dem kirin	Tee kochen
qawhe *w.*	Kaffee
rîstorante *w.*	Restaurant
av *w.*	Wasser
ava xoxan *w.*	Pfirsichsaft
menû *w.*	Menü
sparîş kirin *ve trans.*	bestellen
dayin *ve. trans.*	bezahlen/geben

INFO Ein Rezept für **Kundirê bi mast** (Kürbis mit Joghurt). Der Kürbis wird gewürfelt und in Butter gegart. Das Joghurt wird mit zerdrücktem Knoblauch angereichert. Die in Butter gegarten und gesalzenen Kürbiswürfel werden auf einem flachen Teller über das Knoblauchjoghurt gegeben und das Ganze wird serviert. Dazu kann man Fladenbrot reichen.

doner *w.*	Döner
kebab *w.*	Kebap
kufte *m.*	Köfte
kutilkê binavik	mit Hackfleisch/Faschiertem gefüllte Teigbällchen
şerab *w.*	Wein
şeraba sor	Rotwein
bîra *w.*	Bier
nargîle *w.*	Wasserpfeife
selete *w.*	Salat
pastaxane *w.*	Konditorei
kek *m.*	Kuchen
şorbeya nîskan *w. w.*	Linsensuppe
laxmacun *m.*	kleine Pizza *(mit Zwiebeln und Hackfleisch/Faschiertem belegt)*

Kultur und Kunst – Çand û Huner

amûrê mûzîkê *w.*	Musikinstrument
bîlet *w.*	Eintritts-, Fahrkarte
bîrdarî *w.*	Denkmal
camî *w.*	Moschee

dêr *w.*	Kirche
ecibandin *ve. trans.*	gefallen
fîlm	Film
firotan *w.*	Verkauf
firotin *ve. trans.*	verkaufen
hunera wênesaziyê *w.*	Malerei *(wörtl. Kunst der Malerei)*
hunermend *n.*	Künstler
kale *w.*	Turm
konser/sazderanî *w.*	Konzert
koro *w.*	Chor
mîmarî *w*	Architektur
mûze *w.*	Museum
naskirî *adj.*	bekannt
navdar *adj.*	berühmt
pêşangeh *w.*	Ausstellung
peykersaz *n.*	Bildhauer
pirê *w.*	Brücke
rûmetdaranîn *w.*	Ehrung
şahî *w.*	Fest/Veranstaltung
şano *w.*	Theater
saz kirin *ve. trans.*	organisieren
saz *w.*	orientalische Laute
stiranbêj *n.*	Sänger
têketan *w.*	Eintritt
vala *adj.*	frei/leer
wênekêş *n.*	Maler
xweşnivîs/kalîgrafî *w.*	Kalligraphie

5 Lernen und Arbeiten – Fêrbûn û Xebat

Die Kurden und Kurdinnen in der Türkei galten und gelten als ungebildete Dörfler **(gundî),** ohne Hab und Gut. Man denkt an Mädchen, die nicht die Schule besuchen dürfen und an ein Volk, das an rigide Traditionen **(kevneşop)** und Bräuche **(adet)** gefesselt ist. Dieses Bild stimmt nicht mehr ganz. Die Mädchen gehen fast alle in die Schule und etliche haben einen Universitätsabschluss. Die Kurden haben anscheinend endlich verstanden, dass man nicht mit der Waffe in der Hand, sondern durch Bildung gewinnen kann.

Schule – Dibistan

azmun *w.*	Prüfung
beş *w.*	Fach
betlane *w.*	Ferien
bîr kirin *ve. trans.*	vergessen
dersdan *ve. trans.*	unterrichten
dibistana destpêkê *w.*	Grundschule, Volksschule
dûbare kirin *ve. trans.*	wiederholen
fêm kirin *ve. trans.*	verstehen
fergeh *w.*	Klasse
hîm bûn *ve. intr.*	lernen
înglîzî, Înglîzî *adj./w.*	englisch, Englisch
jêbir *w.*	Radiergummi
jêder xistin *ve. trans.*	subtrahieren
jiber kirin *ve. trans.*	auswendig lernen
jimerîn *ve. trans.*	rechnen
Hata bîst bijmire!	Zähle bis 20!
karne *w.*	Note

kaxiz *m.*	Papier
kom kirin *ve. trans.*	addieren
kurdî, Kurdî *adj./w.*	kurdisch, Kurdisch
kursî *m.*	Stuhl
lênûsk *w.*	Heft
lihev xistin *ve. trans.*	multiplizieren
mamoste *n.*	Lehrer
mase *w.*	Tisch
navber *w.*	Pause
nivîsandin *ve. trans.*	schreiben
parve kirin *ve. trans.*	dividieren
pênûs *w.*	Stift
perwerde *w.*	Erziehung
pirtûk *w.*	Buch
rast/şaş *adj.*	richtig/falsch
rastkêş *w.*	Lineal
rastnivîsandin *w.*	Rechtschreibung
rave kirin *ve. trans.*	erklären
rêziman *w.*	Grammatik
serrast kirin *ve. trans.*	verbessern
tabloya dersê *w.*	Stundenplan
texte *m.*	Tafel
wane *w.*	Lektion/Unterrichtsstunde
wêne (çê)kirin *ve. trans*	malen
xwendin *ve. trans.*	lesen
zanîn *ve. trans.*	wissen
zor *adv.*	schwer

INFO An mehreren Universitäten in der Osttürkei ist es inzwischen möglich, das Fach **Kurdzanî** (Kurdologie) zu studieren. Es ist eine Ironie des Schicksals, dass die Kurden die eigene Muttersprache nur als Fremdsprache belegen können.

Studium – Perwerdehiya bilind

arîkar *n.*	Assistent
baxelor *w.*	Bachelor
beşa xwendinê *w. w.*	Studienrichtung
bûrs *w.*	Stipendium
ders *w.*	Vorlesung
doçent *n.*	Dozent
doktor *n.*	Doktor
ezmûna dawî *w.*	Abschlussprüfung
ezmûn qezenc kirin	eine Prüfung bestehen
ezmûna têketinê *w.*	Aufnahmeprüfung
guhdarî kirin *ve. trans.*	zuhören
kopî kirin *ve. trans.*	kopieren
master *w.*	Master
mayîn *ve. intr.*	durchfallen
not girtin *ve. trans.*	mitschreiben
pirtûkxane *w.*	Bibliothek
pispor *n.*	Fachmann
profesorê/a zanîngehê *n. w.*	Universitätsprofessor
qedandin *ve. trans.*	abschließen/beenden
sumestr/nîvsal *w./w.*	Semester
têz *w.*	Diplomarbeit

wargeh *m.*	Heim
wargehê xwendekaran *m.*	Studentenheim
xwendekar *n.*	Student
zanîngeh *w.*	Universität

INFO In Irakisch-Kurdistan sind seit dem Sturz Saddam Husseins eigene kurdische Universitäten und Schulen errichtet worden. Die erste Universität **Zankoya Sulaimanîya** wurde aber bereits 1968 in Suleymaniya gegründet. Sie genießt inzwischen internationale Anerkennung.

Arbeitswelt – Karûbar

bac *w.*	Steuern
bêkar *adj.*	arbeitslos
çareserî *w.*	Lösung
ekîb *w.*	Team
ewledar *adj.*	zuverlässig
fersend *w.*	Gelegenheit
fîrma *w.*	Firma
gerînende *n.*	Direktor
hevkar *n.*	Arbeitskollege
jikarketî bûn *ve. intr.*	pensioniert sein
jikarketî *w.*	Pension
kar *w.*	Arbeit
karîyer *w.*	Karriere
kurtejiyan *w.*	Lebenslauf
meaş *m.*	Gehalt
patron *n.*	Chef

pîşe *w.*	Beruf
problem *w.*	Problem
qezenç kirin *ve. trans.*	verdienen
qezenc *w.*	Ertrag
şans *m.*	Chance
şertên xebatê *m.*	Arbeitsbedingung
serbixwe *adj.*	selbstständig
serîlêdan *w.*	Bewerbung
tekûz *adj.*	ordentlich
tewizan *w.*	Ausstattung

INFO In Istanbul gibt es immer noch den schweren Beruf des Lastenträgers **Hammal**. Zu Zeiten des Osmanischen Reiches gab es bis zu 40.000 Hammals kurdischer Abstammung in Istanbul.
Für das Nomadenvolk der Kurden waren die wichtigsten Berufe der des **Şîvan** (Hirten) und der der **Bêrîvan** (Melkerin).

6 Freizeit – Azadanî

Wenn man im Sommer oder Frühling am Wochenende in den kurdisch besiedelten Städten spazieren geht, wird man unzählige Familien beim sogenannten **seyran** (Picknick) treffen. Dort wird ausgiebig getratscht, gegessen und entspannt. Viele Männer gehen am Wochenende in das **çay-xane/qahwexane** (Teestube/Kaffeehaus) um ein paar Runden **nerd** (Backgammon) zu spielen oder sich ein wichtiges Fußballspiele anzusehen. Die Frauen besuchen ihre Nachbarinnen, Verwandten oder Freundinnen.

Sport, Spiel und Hobby – Werziş, Lîstin û Hobî

antreman kirin *ve. trans.*	trainieren
atletîk *adj.*	athletisch
avjenî kirin *ve. intr.*	schwimmen
Tu dikarî avjenî bikî?	Kannst du schwimmen?
behre *w.*	Talent
behremend *adj.*	begabt
bihêz *adj.*	stark
bîsîklet ajotin *ve. intr.*	Fahrrad fahren
çareser kirin *ve. trans.*	lösen
çeleng *adj.*	flink
ceribandin *ve. trans.*	versuchen
dengbêjî *w.*	mündlich überlieferte, gesungene Ballade
dirûtin *ve. trans.*	nähen
futbol *w.*	Fußball
futbol lîstin	Fußball spielen
gol *w.*	(geschossenes) Tor

INFO Es ist eine Augenweide, das Sortiment der kunstfertigen Handarbeiten **cihêz** eines kurdischen Mädchens anzusehen. Manche Mädchen arbeiten viele Jahre an diesen Handarbeiten, die als Mitgift in die Ehe gebracht werden. Junge Frauen mit einer guten Ausbildung und Aussicht auf die Ausübung eines Berufes, ziehen es vor, sich ihre Aussteuer im Geschäft zu kaufen.

gonî kirin *ve. trans.*	anmalen
govend girtin *ve. trans.*	tanzen
guhdarî kirin *ve. trans.*	zuhören *(wörtl. Ohr geben)*
hêsa *adj.*	einfach
hesp *n.*	Pferd
hespbez *w.*	Pferderennen
hewz *w.*	Schwimmbad
honandin *ve. trans.*	stricken
jîmnastîk *m*	Gymnastik
kişik *w.*	Schach
hesp ajotin *ve. intr.*	reiten
lezgîn *adj.*	schnell
kartên lîstinê *w.*	Spielkarten
lîstin *ve. trans.*	spielen
Ez dixwasim kişik bilîzim!	Ich möchte Schach spielen!
metelok *w.*	Rätsel
muzîk *w.*	Musik
neqişandin *ve. trans.*	verzieren
nihêrîn *ve. trans.*	ansehen
(ra)pelikîn *ve. intr.*	klettern
revîn *ve. intr.*	laufen

(ser)ketin *ve. trans.*	erfolgreich sein
taxim *w.*	Mannschaft
top *w.*	Ball
wêne *m.*	Foto/Bild
Wêne boyax bike!	Mal das Bild an!
werzîş *w.*	Sport
xaçepirs *w.*	Kreuzworträtsel
xêz kirin *ve. trans.*	zeichnen
zar *w.*	Würfel
zor *adj.*	schwer

Feiertage – Cejn

cejn *w.*	Fest
Cejna Remezanê *w. w.*	Ramadan Fest
Ez cejna te piroz dikim!	Ich gratuliere dir zum Fest!
diyarî kirin *ve. trans.*	schenken
Îda Qûrbanê *w.*	Opferfest (*in Gedenken an Abraham)*
meha Remezanê *w. w.*	Fastenmonat Ramadan
Newroz *w.*	Kurdisches Neujahr *Frühlingsbeginn 21. März*
Newroza te pîroz be!	Alles Gute zum Newroz-Fest!
nimêj kirin *ve. intr.*	beten
pîrozbahî *w.*	Glückwunsch
pîroz kirin *ve trans.*	gratulieren/segnen
Çavê te ronî be.	Gratulation! (*wörtl.: Dein Auge werde Licht!)*
qûrban *w.*	Opfer

roja Aşûreyê *w.*	Aschura Tag *(alevitischer Feiertag)*
roja çêbûnê *w. w.*	Geburtstag
rojî girtin *ve. trans.*	fasten *(wörtl. Tage halten)*
Tu rojî digrî?	Fastest du?
Xidirnebî *w.*	*Hidirellez (alevitischer Feiertag)*

INFO Über 90 Prozent der Kurden sind Muslime, deswegen sind in der Vokabelliste überwiegend islamische Feiertage angeführt. Die kurdische Kultur ist sehr alt und reicht noch weit vor das Erscheinen des Propheten **Muhammed** und sogar Jesu **(Isa)** zurück. Die zarathustrischen Wurzeln lassen sich immer wieder in der Denkstruktur und der Lebenseinstellung vieler Kurden erkennen. Allein das kurdische Nationalfest **Newroz** *(neuer Tag)* ist der beste Beweis für dieses alte Erbe: als Huldigung an das Licht und den Sieg über die Dunkelheit und das Böse brennen nach dem finsteren Winter überall Feuer.

Reise und Verkehr – Ger û Trafîk

amade *adj.*	bereit
balafirgeh *w.*	Flughafen
benzîn *w.*	Benzin
bîlet *w.*	Tickets
cil *w.*	Wäsche
cihê kirin *ve. trans.*	reservieren
cihê rûniştinê *w.*	Sitzplatz
destûra îkametê *w.*	Aufenthaltserlaubnis
ecele kirin *ve. trans.*	beeilen
ehliyet *w.*	Führerschein
erebe *w.*	Auto

firîn *ve. trans.*	fliegen
ger *w.*	Reise
gîrû kirin *ve. trans.*	verschieben
bi paş de avêtin *ve. trans.*	auf einen späteren Zeitpunkt verschieben
hostes *w.*	Flugbegleiter/in
îstgeh/îstasyon *w.*	Bahnhof
îstrehat kirin *ve. trans.*	erholen
ketin rê *ve. intr.*	abreisen
Ew ketine rê?	Sind sie abgereist?
keştî *w.*	Schiff
kîlometre *w.*	Kilometer
kolan *w.*	Straße
lêçûn *w.*	Kosten
lezginî[16] *w.*	Geschwindigkeit
nexşe *w.*	Landkarte
nexşeya bajarê *w.*	Stadtplan
otel *w.*	Hotel
otobus *w.*	Bus
park kirin *ve. trans.*	parken
pasaport *w.*	Pass
ragihan *w.*	Verständigung
rastêrast *adj.*	geradeaus
rawestgeh *w.*	Haltestelle
(ra)westin *ve. intr.*	stehen bleiben

16 Viele Adjektive des Kurdischen werden durch das Anfügen der Ezafe **î** zum Nomen. Wie zum Beispiel **lezgin**/schnell – **lezginî**/Geschwindikeit; **azad**/frei – **azadî**/Freiheit.

rê *w.*	Weg
Riya[17] me direj e.	Unser Weg ist lang.
rêwîtî *w.*	Fahrt
şahrê *w.*	Autobahn
sekinîn *ve. intr.*	warten
Em li balafirgehê disekinin.	Wir warten am Flughafen.
sînor *m.*	Grenze
tax *w.*	Stadtteil
(tê)gihîştin *ve. intr.*	verstehen
tênagihîm	ich verstehe nicht
trafîk *w.*	Verkehr
Trafîk gir e.	Es ist viel Verkehr.
tren *w.*	Zug
tûrîst *n.*	Tourist
(ve)guherandin *ve. trans.*	umtauschen
vîze *w.*	Visum
winda kirin *ve. trans.*	verlaufen *(wörtl. verlieren)*
xwe giredan *ve. trans.*	sich anschnallen
zivirîn *ve. intr.*	abbiegen
Dive ez li ku bizvirim?	Wo muß ich abbiegen?

INFO So wie in Europa nur des Vergnügens wegen zu verreisen, kommt bei den Kurden sehr selten vor. Um eine Reise zu machen muss ein wichtiger Grund, wie ein Todesfall, eine Heirat, ein Arbeitsangebot oder ein anderes wichtiges soziales Ereignis vorliegen. Erst in den letzten Jahren hat sich eine Mittelschicht entwickelt, die in Urlaub fährt.

17 Die Ezafe **ê** des Nomens wird in Verbindung mit einem anderen Wort zu **-iya**, wie auch bei dê – d**iya** min (meine Mutter).

Andere Länder – Welatên din

Almanya *w.*	Deutschland
Ez Almanî fêr dibim.	Ich lerne Deutsch.
Awistirîya *w.*	Österreich
Awistrialîya *w.*	Australien
Belçîka *w.*	Belgien
bîriya welêt *w.*	Heimweh
devok *w.*	Dialekt/Akzent
Efrîqa *w.*	Afrika
Emerîka *w.*	Amerika
erebî, Erebî *adj./w.*	arabisch, Arabisch
Ermenîstan *w.*	Armenien
Ewrûpa *w.*	Europa
Fransa *w.*	Frankreich
Înglîstan *w.*	England
Iran *w.*	Iran
Iraq *w.*	Irak
Îtalya *w.*	Italien
Kanada *w.*	Kanada
koç kirin *ve. trans.*	auswandern
Dive em koç bikin.	Wir müssen auswandern.
kontrol *w.*	Kontrolle
nefî *w.*	Verbannung/Exil
Em hatin nefî kirin.	Wir wurden verbannt.
niştiman *m.*	Vaterland
parêzgeh *w.*	Bezirk
parzemîn *w.*	Kontinent

paytext *w.*	Hauptstadt
rev *w.*	Flucht
rojhilata navîn *w.*	Naher Osten
Rûsîya *w.*	Russland
şertên têketanê *m.*	Einreisebedingungen
serî (lê)dan *ve. trans.*	ansuchen
sînora dewletê *m.*	Staatsgrenze
Sûrîye *w.*	Syrien
Swîçre *w.*	Schweiz
taybet *adj.*	privat
tirkî, Tirkî *adj./w.*	türkisch, Türkisch
Tirkiye *w.*	Türkei
ûris, Ûris *adj./w.*	russisch, Russisch
welatên cînarkî *w. adj.*	Nachbarländer
xerîb bûn *ve. intr.*	fremd sein
Ez xerîb im.	Ich bin fremd.
xwecih *adj.*	einheimisch
zimanê biyanî *w.*	Fremdsprache
zimanê dayîkê *w.*	Muttersprache

INFO Was es bedeutet, das größte Volk der Erde ohne eigenen Staat zu sein, haben die letzten 100 Jahre gezeigt. Die Kurden leben in der Türkei, Syrien, dem Iran und dem Irak. In vielen Ländern dieser Welt hat sich zudem eine kurdische Diaspora gebildet. Alleine in Deutschland leben über eine halbe Million Kurden. In kurdischen Gebieten gibt es viel Wasser und Öl, deswegen werden sie in Zukunft noch mehr an Bedeutung gewinnen.

7 Die Natur – Siruşt

Bekannt sind im Westen der sagenumwobene Berg Ararat (der **Çiyayê Agirî,** wörtlich «feuriger Berg» mit 5.165 m), an dem die Arche Noah **(Keştîya Nuh Pêxember)** gestrandet sein soll, und die geschichtsträchtigen Flüsse Euphrat und Tigris **(Firat und Dicle)**, die die Lebensgrundlage für viele Menschen in dieser trockenen Gegend bilden.

Landschaft und Umgebung – Çîya û Banî û Hawirdor

behr *w.*	Meer
berdar *adj.*	fruchtbar
bergeh *w.*	Panorama
berî *w.*	Steppe
birîn *ve trans.*	fällen
çem *m.*	Bach
çiya *m.*	Berg
çiyahilkêş *n.*	Bergsteiger
çiya û banî *m. m.*	Landschaft
çol *w.*	Wüste
daristan *w.*	Wald
der û dor *w.*	Umgebung
deşt *w.*	Ebene
dever *w.*	Gegend
dîmên *w.*	Ausblick
dîmênekê xweş	ein schöner Ausblick
erd *w.*	Erde (Mutterboden)
girav *w.*	Insel

INFO Das Herzstück Kurdistans bildet das **Zagros**-Gebirge mit 1530 km Länge und mehreren Dreitausendern. Im Westen liegt das **Taurus**-Gebirge mit dem bekannten **Çiyayê Nemrûd** (Berg der Götter/ Nemrut-Berg). Bei den Kurden ist das Leben im Einklang mit der Natur noch Gang und Gäbe. Erst in letzter Zeit wachsen Kinder in den großen Ballungsräumen fern von der Natur zwischen Betonwänden auf.

gol *w.*	See
gola vanê	der Vansee
jiyangeh *w.*	Umwelt
Divê em jiyangehê biparêzin.	Wir müssen die Umwelt schützen.
hezek *w.*	Sumpf
jê xwarin *ve. trans.*	ausbeuten
kanî *w.*	Quelle
kendal *m.*	Abgrund/Schlucht
kevir *m.*	Stein
kevîşen *w.*	Strand
kirêj kirin *ve. trans.*	verschmutzen
mezopotamîya *w.*	Mesopotamien/Zweistromland
newal *w.*	Tal
palmiye *w.*	Palmen
parastin *ve. trans.*	schützen
penav *m.*	Plateau
qeşahî *w.*	Gletscher
qûm *w.*	Sand
robar *w.*	Fluss
şikeft *w.*	Höhle
Şikeft li ku ye?	Wo ist die Höhle?
şîp *w.*	Wasserfall

tep *m.*	Hügel
volkan *w.*	Vulkan
xak *w.*	Erde
xamoşan bûn *ve. intr.*	veröden
xwezayî *w.*	natürlich
zemîn *w.*	Boden
zinar *m.*	Fels
zincîra çiyan *w.*	Gebirgskette
zozan *w.*	Hochland

Wetter – Hewa

asîman *m.*	Himmel
ba *m.*	Wind
bayê sar	kalter Wind
bahoz *w.*	Gewitter
bakur *m.*	Norden
baran *w.*	Regen
başûr *m.*	Süden
Bayê cemidî radibe.	Es kommt kalter Wind auf.
berf *w.*	Schnee
berfbaran *w.*	Schneeregen
bihar *w.*	Frühling
birusk *w.*	Blitz
bitav *adj.*	sonnig
cemidî *adj.*	eisig
demsal *w.*	Jahreszeit
ewr *m.*	Wolke

INFO Bei Vollmond **(hîva tijî)** kann man das Heulen der Wölfe im Hochgebirge besonders gut hören. In den Achzigern gab es noch frei lebende Wildpferde **(hespên kovî)** am Berg Ararat. Leider sind auch sie inzwischen nur noch eine Legende.

germ *adj.* — warm
guherin *ve. trans.* — ändern
havîn *w.* — Sommer
hewa *w.* — Luft
hewa *w.* — Wetter
  Hewa îro çawa ye? — Wie ist das Wetter heute?
hêwî *adj.* — feucht
hîv *w.* — Mond
klîma *w.* — Klima
payîz *w.* — Herbst
qirçîna esman *w. m.* — Donner
rade *w.* — Grad
  radeya germpîvê — Temperatur
rojava *m.* — Westen
rojhilat *w.* — Osten
sar *adj.* — kalt
şil *adj.* — nass
stêr *w.* — Stern
tav *w.* — Sonne
tirej *w.* — Strahl/Sonnenstrahl
zîpik *w.* — Hagel
zivistan *w.* — Winter
ziwa *adj.* — trocken

Flora und Fauna – Flora û Faûna

berx *w.*	Lamm
bizin *w.*	Ziege
boç *w.*	Schwanz
canî *n.*	Fohlen
canîyê mê/nêr	weibliches/männliches Fohlen
çêlek/ga *w./m.*	Kuh/Ochse
çivîk *w.*	Vogel
gur *m.*	Wolf
heng *w.*	Biene
hesp *m.*	Pferd
hêşa/mehin *m./w.*	Hengst/Stute
heywan *m.*	Tiere
heywanên kedî *m.*	Haustiere
heywanên kovî *m.*	Wildtiere
hirç *n.*	Bär
hûrmêş *w.*	Mücke
ker *n.*	Esel
kevok *w.*	Taube
kew *w.*	Rebhuhn
kurk *m.*	Fell
leglel *w.*	Storch
mar *m.*	Schlange
marê reş	schwarze Schlange
mêş *w.*	Fliege
mî/beran *w./m.*	Schaf/Widder
mînmînîk *w.*	Schmetterling
mirîşk/dîk *w./m.*	Huhn/Hahn

mişk *w.*	Maus
mûrî *w.*	Ameise
pençe *m.*	Kralle
pez *m.*	Schaf, Schafherde
pilindir *w.*	Spinne
piling *m.*	Tiger
pişîk *w.*	Katze
qarqarok *w.*	Krähe
rovî *m.*	Fuchs
se *m.*	Hund
şêr *m.*	Löwe
sihor *w.*	Eichhörnchen
şûl *w.*	Reh
tawûs *w.*	Pfau
teyr/eylo *m./m.*	Adler

INFO Über Jahrtausende sind die Kurden ihrer Hauptbeschäftigung, der nomadischen Schafzucht **(ajaldarî)**, in den Bergen nachgegangen. Erst als sie sesshafter wurden, kamen Hühner, Hunde, Katzen und Kühe dazu. Tiere wie der Bär, der Fuchs und der Wolf spielen in der kurdischen Märchenwelt eine wichtige Rolle.
In der kurdischen Mythologie gilt der **Melekê Tawus** (Pfau) als gefallener Engel und Symbol für den Menschen.
In dem Gebiet um den **Gola Vanê** (Vansee) lebt eine der seltensten und schönsten Katzenarten, die **Pişîka Vanê** (Vankatze), deren Besonderheit ihre zwei verschiedenfarbigen Augen sind.

8 Gesellschaft und Wirtschaft – Cîvak û Aborî

An der türkisch-irakischen Grenze erlebt die Wirtschaft einen wahren Boom; ob das weiterhin so bleiben wird, hängt von der politischen Entwicklung der nächsten Jahre in dieser Gegend ab. In Kurdistan liegen mit großen Öl- und Wasserreserven die zwei meistgefragten Ressourcen der Welt.

Landwirtschaft und Industrie – Çandin û Pîşezazî

ar *w.*	Mehl
aş *m.*	Mühle
aşvanê me	unser Müller
ber *m.*	Produkt
bêrîvan *w.*	Melkerin
berhev kirin *ve. trans.*	sammeln
bilûr *w.*	Hirtenflöte
birandin *ve.trans.*	scheren
çandin *ve. trans.*	pflanzen/anbauen
Ez ê îsal gelek dar biçînim.	Ich werde heuer (= in diesem Jahr) viele Bäume pflanzen.
çandin *w.*	Landwirtschaft
çinîn *ve. trans.*	ernten
cotkar *n.*	Bauer
depo *w.*	Lager
dotin *ve. trans.*	melken
fabrîka *w.*	Fabrik
genim *w.*	Weizen
hêk *w.*	Ei
ka *w.*	Heu

kartol[18] *w.*	Kartoffel
kelem *w.*	Kohl
madeya xam *m.*	Rohstoff
makîna *w.*	Maschine
model *w.*	Modell
motor *w.*	Motor
hesat *w.*	Ernte
parçeyê yêdek *w.*	Ersatzteil
pêk anîn *ve. trans.*	herstellen
mirîşk *w.*	Huhn
pincar *w.*	Zuckerrübe
rêx *w.*	Mist
şivan *n.*	Hirte
şivantî kirin *ve. trans.*	(Tiere) hüten
temîr kirin *ve. trans.*	reparieren
tewle *w.*	Stall
teze *adj.*	frisch
traktor *w.*	Traktor
xera bûn *ve. trans.*	kaputtgehen
yêm kirin *ve. trans.*	füttern
zevî *w.*	Feld

INFO Im Hochland sangen die Volksbarden **(Dengbêj)** ihre Balladen im schwarzen Zelt **(kone reş)**. Heute treten die Sänger und selten auch Sängerinnen im Fernsehen auf. Es gibt zwar viele, die sich rühmen, diese hohe Kunst zu beherrschen, zur Perfektion bringen es jedoch nur noch wenige.

18 Das k am Wortanfang wird hier weicher ausgeprochen, fast wie ein g [g]. Ebenso kartol – Kartoffel, ker – taub, aber ker [k] – Esel.

Handel und Dienstleistung – Bazirganî û Xismetguzarî

qezenc *w.* Gewinn
winda *w.* Verlust
hawirde *w.* Import
hinarde *w.* Export
diwîz *w.* Devisen
evro *w.* Euro
dolar *w.* Dollar
bihevrepeyivîn *w.* Besprechung
bazar *w.* Markt
bazara dinyayê Weltmarkt
bac *w.* Steuer
barkêşî *w.* Transport
bazirganî *w.* Handel
xismetgûzarî *w.* Dienstleistung
civak *w.* Gesellschaft
deyn *w.* Kredit/Verschuldung
pere/dirav *w./w.* Geld
borsa *w.* Börse
reklam *w.* Werbung
pêşniyar *w.* Angebot
navnetewî *adj.* international
sedî *w.* Prozent
parçe *w.* Teil
xwedî *n.* Besitzer/Inhaber

Bevölkerung und Politik – Gel û Siyaset

desthilata leşkerî *w.adj.*	Militärstaat
alî kirin *ve. trans.*	helfen
artêş *w.*	Armee
aşîtî *w.*	Frieden
azad *adj.*	frei
azadî *w.*	Freiheit
azadîya axaftinê	Redefreiheit
banû *w.*	Königin
zêde kirin *w. ve. trans.*	erhöhen
beşdar bûn *ve. intr.*	teilnehmen
bicih anîn *ve. trans.*	ausführen
bindestî *w.*	Unterdrückung
çapemenî *w.*	Presse
civat *w.*	Gemeinschaft
civîn *w.*	Konferenz
dadgeh *w.*	Gericht
dagirker *n.*	Besatzer
demokratî *w.*	Demokratie
derew *w.*	Lüge
dewlet *w.*	Staat
dezgeh *w.*	Organisation
dijberî *w.*	Opposition
dîktatorî *w.*	Diktatur
endam *n.*	Mitglied
êrîş *w.*	Angriff
fermî *adj.*	amtlich

girtîgeh *w.*	Gefängnis
hikûm kirin *ve. trans.*	regieren
hikûmet *w.*	Regierung
wergerandina hikûmetê	Putsch
hilbijartin *w.*	Wahl
hindikahî *w.*	Minderheit
îşkence *w.*	Folter
îşkenceya stemkar	erbarmungslose Folter
kapîtalîzm *w.*	Kapitalismus
koç kirin *ve. trans.*	auswandern
koç *w.*	Migration
komînîzm *w.*	Kommunismus
leşker *n.*	Soldat
maf *m.*	Recht
mafê mirovan	Menschenrecht
merasîm *w.*	Parade
meş *w.*	Demonstration
mîr *m.*	König
mîratî *w.*	Monarchie
netewe *w.*	Nation
ordî *w.*	Heer
partî *w.*	Partei
parlamenter *n.*	Abgeordneter
pêşdarazî *w.*	Vorurteil
proje *w.*	Projekt
pêşmerge[19] *n.*	Freiheitskämpfer

19 Die **pêşmerge** haben Heldenstatus im Volk; sie sind diejenigen, „die in den Tod gehen“.

polîs *n.*	Polizist
protesto *w.*	Protest
qedexe *w.*	Verbot
qencî *w.*	Wohltätigkeit
revîn *ve. intr.*	fliehen
Em ji vir direvin.	Wir fliehen von hier.
şaredar *n*	Bürgermeister
şehîd *n.*	Märtyrer
şer *m.*	Krieg
serbixwe *adj.*	unabhängig
serok *n.*	Präsident
sirgûn *w.*	Verbannung
sîyaset *w.*	Politik
sîyasetmedar *n.*	Politiker
soz *w.*	Versprechen
têkoşîn *w.*	Kampf
terorist *n.*	Terrorist
wezaret *w.*	Ministerium
wezîr *n.*	Minister
xizan *adj.*	arm
zengîn *adj.*	reich

INFO Viele der Kurden in Deutschland kamen als Gastarbeiter. Es gibt jedoch Unzählige, die aufgrund politischer Verfolgung Zuflucht in Europa und besonders in Deutschland fanden. Politisch aktiv zu sein, bedeutet(e) für Kurden in der Türkei, mit langen Gefängnisaufenthalten rechnen zu müssen.

9 Wissenschaft – Zanistî

Wenn ein Volk hauptsächlich mit dem nackten Überlebenskampf beschäftigt ist, kann man kaum große wissenschaftliche Errungenschaften erwarten. Sicher ist jedoch, dass die Kurden ein altes Kulturvolk sind, das einstmals eine Blütezeit erlebt hat.

Geschichte und Geisteswissenschaft – Dîrok û Zanistên hişmendî

arkeolojî *w.*	Archäologie
belgename *w.*	Dokument
birçîbûn[20] *w.*	Hunger
bîrmendî *w.*	Bewusstsein
çavkanî *w.*	Informationsquelle
cîvaknasî *w.*	Soziologie
demjimêr *w.*	Zeitrechnung
derûn *w.*	Psychologie
destan *w.*	Legende
dewran *w.*	Ära
dewrana keviran	Steinzeit
dîrok *w.*	Geschichte
encam *w.*	Folge
erdnîgarî *w.*	Geografie
fêm kirin *ve. trans.*	verstehen

20 Nur als Beispiel, um ein Gefühl für die Sprache zu bekommen: **birçîbûn** – der Hunger, **birçî bûn** – hungrig sein, **birçî** – hungrig, **birçî kirin** – hungrig machen, **birçî hiştin** – hungern lassen

hatin dinyayê *ve. intr.*	geboren werden
Ez hatim dinyayê.	*wörtl.* Ich bin in die Welt gekommen.
hikimdar *n.*	Herrscher
îmkan *w.*	Möglichkeit
kûştin *ve. trans.*	töten
(lêhûr) niherîn *ve. trans.*	analysieren
maf *n.*	Gesetz
malmîrat *w.*	Erbe
mijar *w.*	Thema
Ev mijar giring e.	Dieses Thema ist wichtig.
mîratxûr *n.*	Thronfolger
mîrza *m.*	Prinz
padîşah *m.*	Kaiser
pratîk *adj.*	praktisch
şahbanû *w.*	Kaiserin
sedem *w.*	Ursache
sedsal *w.*	Jahrhundert
şahîd *w.*	Zeuge
Serdema Navîn *w.*	Mittelalter
Şerefname *w.*	Geschichtsbuch / *„Buch der Kurdischen Könige“ (1597)*

INFO Der vom italienischen Dichter Dante in seinem Epos „Die Göttliche Komödie“ erwähnte kurdische Sultan **Silhêdînê Eyûbî** (Saladin) wurde in der Geschichte zum größten aller muslimischen Helden und zum vorbildhaften islamischen Herrscher. Saladin eroberte im 11. Jahrhundert **Orşêlîm** (Jerusalem) von den Kreuzrittern zurück. Der Feldzug wird in dem Film „Königreich der Himmel“ von Ridley Scott dargestellt.

sir *w.*	Geheimnis
şîretvan *n.*	Berater
şovalye *m.*	Ritter
şopandin *ve. trans.*	verfolgen
sultan *n.*	Sultan
zanîn *ve. trans.*	wissen
zaniyariya hişmendî *w. adj.*	Geisteswissenschaft

Religion – Dîn

bawer kirin *ve. trans.*	glauben
bawerî *w.*	Glaube
belav bûn *ve. trans.*	verbreiten
bihişt *w.*	Paradies
Bûdîzm *w.*	Buddhismus
Cihûtî *w.*	Judentum
dîn *m.*	Religion
dîndar *adj.*	gläubig
dojeh *w.*	Hölle
dûa *w.*	Gebet
Elewîtî *w.*	Alevitentum
Ezîdîtî *w.*	Yezidentum
felek *w.*	Schicksal
qismet *w.*	positives schicksalhaftes Ereignis
Hînduîzm *w.*	Hinduismus
Încîl *w.*	Bibel
Îslamiyet *w.*	Islam
mele *m.*	Imam der Moschee

melek/ferişte *n./n.*	Engel
mîtolojî *w.*	Mythologie
pêxember *n.*	Prophet
pûtperestî *w.*	Heidentum
Quran *w.*	Koran
tesewûf *w.*	Sufismus
Tewrat *w.*	Thora
Xiristiyanî *w.*	Christentum
Xwedê *w.*	Gott
xwedawendên yewnanî *w.adj.*	die griechischen Götter
Zerdûştîtî *w.*	Zarathustrianismus

INFO Der zarathustrische Ausspruch Humata-Hukta-Huvarashta «gute Gedanken, gute Worte, gute Taten» erinnert sehr an den bekannten alevitischen Lehrsatz «Beherrsche deine Hände, deine Lende und deine Zunge». Das **Alevitentum** wird meist zu einer Glaubensrichtung innerhalb des schiitischen Islams gezählt. (Alevite – Anhänger von Ali ibn Abi Talib) Sie lehnen das islamische Gesetz (Scharia) ab und treten für Religionsfreiheit, Menschenrechte und die Gleichberechtigung der Frauen ein. Im Zentrum ihres Glaubens steht der Mensch als eigenverantwortliches Wesen.

INFO Viele **Yeziden**, eine religiöse Minderheit der Kurden, leben in deutschsprachigen Ländern. Sie werden im Nahen Osten als Ungläubige verfolgt, da sie keiner sogenannten „Religion des Buches“ angehören. Ihre Zahl wird weltweit auf 800.000 geschätzt. Man kann nur als Yezide/in geboren werden, es besteht keine Möglichkeit zu konvertieren. Die Existenz dieser alten Kultur und Religion in Kurdistan ist gefährdet.

Literatur-, Sprach- und Filmwissenschaft – Wêjenasî, Zimanzanî, Fîlmnasî

rîtm *w.*	Rhythmus
rîtma muzîkê	der Ryhthmus der Musik
awa *m.*	Stil
beş *w.*	Kapitel
bilêvkirin *w.*	Aussprache
çîrok *w.*	Märchen
deng *m.*	Laut
dengdar û dengdêr	Vokal und Konsonant
derhêner *n.*	Regisseur
destan *w.*	Legende/Ballade
destpêk *w.*	Einleitung
direfş *w.*	Symbol
drama *w.*	Drama
efsane *w.*	Sage/Fabel
efsaneya Bozê Rewan	die Sage von Boze Rewan *(einem Pferd, das fliegen kann)*
ferheng *w.*	Wörterbuch
fîlmnasî *w.*	Filmwissenschaften
girêdan *ve. trans.*	verbinden
helbest *w.*	Gedicht
helbesta romantîk	romantisches Gedicht
helbestvan *n.*	Dichter
helbestvanî *w.*	Dichtung
hempakirin *w.*	Vergleich

henek *w.*	Witz
henek bi yekî kirin	sich mit jemandem einen Scherz erlauben
hevdengî *w.*	Reim
kabarê *w.*	Kabarett
kamera *w.*	Kamera
kevneşop *adj.*	traditionell
kîte *w.*	Silbe
kirp *w.*	Betonung
komîk *adj.*	komisch
kurteçîrok *w.*	Kurzgeschichte
mamik *w.*	kurzes Rätsel in Reimform
mecaz *w.*	Metapher
metelok *w.*	Rätsel/Anekdote
nivîskar *n.*	Schriftsteller
nûjên *adj.*	innovativ
peyv *w.*	Wort
leheng *n.*	Held
rewşenbîr *adj.*	intellektuell
rexnevan *n.*	Kritiker
rêz *n.*	Zeile

INFO Das kurdische Pendant zu Romeo und Julia ist der von **Axmedê Xanî** (1651–1707) verfasste Nationalepos **Memozîn**.
Dank der kurdischen Intellektuellen im Exil erlebte die kurdische Literatur in den letzten Jahrzehnten eine Renaissance. Der wohl bekannteste kurdische Filmemacher ist **Yilmaz Güney**, der mit seinem Film **Sürü** die Herzen vieler Menschen rund um den Globus berührte.

rojnivîsk *w.*	Tagebuch
roman *w.*	Roman
şano *w.*	Theaterstück
şibîn *ve.trans.*	ähneln
standupger *n.*	Kabarettist
tevger *w.*	Handlung
tîp[21] *w.*	Buchstabe
trajîk *adj.*	tragisch
vegotin *ve. trans.*	erzählen
wate *w.*	Bedeutung
wêje *w.*	Literatur
wêjenasî *w.*	Literaturwissenschaften
wêjedost *n.*	Literaturliebhaber
werger *w.*	Übersetzung
wêne *m.*	Bild
zarava *w.*	Dialekt
zargotin *w.*	Volksweise
zimanzanî *w.*	Sprachwissenschaften
zindî *adj.*	live

21 Das kurdische Lateinalphabet besteht aus 31 Buchstaben. Es wurde von Celadet Bedirxan entwickelt. Kurden in der ehemaligen Sowjetunion benutzen das kyrillische Alphabet. Das Sorani-Alphabet, das im Irak verwendet wird, ist ein modifiziertes persisches Alphabet in arabischen Buchstaben.

Naturwissenschaften und Mathematik – Zanistên surişti û Matematîk

afirandin *ve. trans.*	erschaffen
atom *w.*	Atom
avahîsazî *w.*	Architektur
awayê hişk *m. adj.*	fester Zustand
biyolojî *w.*	Biologie
(da)hênandin *ve. trans.*	erfinden
dirûv *m.*	Form
elektrîkî *adj.*	elektrisch
erênî *adj.*	positiv
ezmûn kirin *ve. trans.*	prüfen
formûl tê ezmûn kirin	die Formel wird geprüft
fîzîk *w.*	Physik
formûl *w.*	Formel
gaz *w.*	Gas
genetîk *adj.*	genetisch
giranî *w.*	Gewicht
hîpotez *w.*	Hypothese
hişk *adj.*	hart
înformatîk *w.*	Informatik
karbonhîdrat *w.*	Kohlenhydrat
kêmtirin *w.*	Minimum
kîmya *w.*	Chemie
kom *w.*	Gruppe
labor *w.*	Labor
lê kolîn *ve. trans.*	forschen
lezgînî *w.*	Geschwindigkeit

lezginîya ronahîyê *w.*	Lichtgeschwindigkeit
made *w.*	Stoff
matematîk *w.*	Mathematik
neynî *adj.*	negativ
nûn *w.*	Molekül
organîzma *w.*	Organismus
pênas *w.*	Definition
pênasa teoriyê	die Definition der Theorie
perisîn *ve. trans.*	entwickeln
evûlûsiyon *w.*	Evolution
teoriya evûlûsiyonê	Evolutionstheorie
pirtirîn *m.*	Maximum
pîve *w.*	Maße
pîvandin *ve. trans.*	messen
dirêjî/firehî pîvandin	die Länge/Breite messen
proteîn *w.*	Eiweiß
qebare *w.*	Volumen
ron *adj.*	Flüssigkeit
rûn *w.*	Fett
şane *w.*	Zelle
stêrnasî *w.*	Astronomie
tablo *w.*	Tabelle
ceribandin *w.*	Experiment
teknîk *w.*	Technik
teorî *w.*	Theorie
vedîtin *w.*	Entdeckung
wize *w.*	Energie
wizeya azad	freie Energie

xeternak *adj.*	gefährlich
yeksanî *w.*	Gleichung
zanist *w.*	Wissenschaft
zanistên surişţî *w.*	Naturwissenschaft
zêdekirin *w.*	Vermehrung

INFO Schon früh befassten sich die Kurden mit der Astronomie, der Mathematik und den Naturwissenschaften. So gab es in Kurdistan mehrere Mond- und Sternenobservatorien, deren bekanntestes sich auf dem Berg **Gilazarda** in der Nähe der Stadt Sileymani befand. Leider ist heute nichts mehr von diesem Wissen erhalten geblieben. Man wagt zu hoffen, dass in Zukunft Forschung und Wissenschaft in Kurdistan auf internationalem Standard betrieben werden.

10 Kommunikation und Medien – Komunîkasyon û Medîya

Alo! *interj.*	Hallo
Alo, kî ye?	Hallo, wer ist da?
axaftin *ve. trans.*	sprechen
bar kirin *ve. trans*	hinaufladen, upload
belgefîlm *w.*	Dokumentation
bername *w.*	Programm
bernameya êvarê	Abendprogramm
bersîv *w.*	Antwort
Bersîva min a dereng bibexşînin.	Verzeihen Sie meine späte Antwort.
bersîvkerê telefonê *m.w.*	Anrufbeantworter

bihîstin *ve. trans.*	hören
Ez nikarim te bibihîzim!	Ich kann dich nicht hören!
birêz *adj.*	sehr geehrter ...
çap kirin *ver trans.*	drucken
çapger *w.*	Drucker
çet *w.*	Chat
daxistin *ve. trans.*	herunterladen
dengdan *w.*	Anruf
deq *w.*	Text
destûr dayîn *ve. trans.*	erlauben
dubare kirin *ve. trans*	wiederholen
Bi fermo, dubare bikin!	Bitte, wiederholen Sie!
ekran *w.*	Bildschirm
ekranê dûz	Flachbildschirm
e-maîl *w.*	E-Mail
e-pirtûk *w.*	E-Buch
faks *w.*	Fax
fîlm *m.*	Film
forum *w.*	Forum
gazî kirin *ve.*	rufen
gazî telêfonê kirin	ans Telefon rufen
gihandin *ve. trans.*	erreichen
giramî *w.*	Respekt
giranbiha *adj.*	lieb, teuer
gotar *w.*	Zeitungsartikel
guhdarî kirin *ve. trans.*	zuhören
hatin *ve. intr.*	kommen
hêdî *adj.*	langsam

hejmara telêfonê *w.*	Telefonnummer
hevpeyvîn *w.*	Interview
hişkalav/hardware *w.*	Hardware
înternet *w.*	Internet
kartpostal *w.*	Postkarte
klavye *w.*	Tastatur
kompîtur *w.*	Computer
lîstik *w.*	Spiel
lîstikê kompûterê *w.*	Computerspiel
lîstin *ve. trans.*	spielen
malpera înternetê *w.*	Internetseite
medîya *w.*	Medien
meşqûl bûn *ve. intr.*	besetzt sein
Wêderê her tim meşqûl e!	Dort ist immer besetzt!
mişk *m.*	Maus
name *w.*	Brief
bi silavên germ	mit freundlichen Grüßen (*wörtl.* warmen Grüßen)
bi qedr û qîmet	mit Achtung und Wertschätzung
navnîşan *w.*	Adresse
nermalav/software *w.*	Software
nivîsandin *ve. trans.*	schreiben
pakêt *w.*	Paket
pîrozbahî *w.*	Glückwunsch
postdank *w.*	Postfach
postexane *w.*	Post
program *w.*	Sendung
programa antîvîrusê *w.*	Anti-Virus-Programm

pûl *w.*	Briefmarke
rexne *w.*	Kritik
rêzefîlm *w.*	Serie
rojname *w.*	Zeitung
rûpel *w.*	Seite
sms *w.*	sms
şandin *ve. trans.*	schicken
Em diyariyek dişînin.	Wir schicken ein Geschenk.
saz kirin *ve. trans.*	installieren
spam *w.*	Spam
telefon vekirin *ve. trans.*	anrufen
telefona destî *w.m.*	Mobiltelefon
televîzyon *w.*	Fernseher
tikandin *ve. trans.*	anklicken
tîpandin *ve trans.*	tippen
tomar kirin *ve. trans.*	speichern
tor *w.*	Netz
(ve)kirin *ve. trans.*	öffnen
vîrus *w.*	Virus
wer girtin *ve. trans.*	bekommen
nûçe *w.*	Nachrichten im Fernsehen
xeber *w.*	Nachricht
xêzefîlm *w.*	Zeichentrickfilm
Tu xêzefîlman hez dikî?	Magst du Zeichentrickfilme?
zerf *w.*	Briefumschlag
zeliqandin *ve. trans.*	aufkleben

INFO Seit Anfang 2008 sendet der staatliche türkische Fernsehsender **TRT 6** in kurdischer Sprache. In Europa und dem Nahen Osten gibt es an die 17 aktive kurdischsprachige Fernsehsender. Das Internet hat vielen in der Diaspora und auch in Kurdistan selbst lebenden Kurden die Möglichkeit gegeben, über alle Grenzen hinweg miteinander zu kommunizieren und Informationen auszutauschen.

11 Allgemeine Begriffe – Rêmanên gelemper

Zahlen – Hejma

sifir *num.*	null
yek *num.*	eins
du *num.*	zwei
sê *num.*	drei
çar *num.*	vier
pênc *num.*	fünf
şeş *num.*	sechs
heft *num.*	sieben
heşt *num.*	acht
neh *num.*	neun
deh *num.*	zehn
yanzdeh *num.*	elf
duwanzdeh *num.*	zwölf
sêzdeh *num.*	dreizehn
çardeh *num.*	vierzehn
panzdeh *num.*	fünfzehn

şanzdeh *num.*	sechzehn
heftdeh *num.*	siebzehn
hijdeh *num.*	achtzehn
nozdeh *num.*	neunzehn
bîst *num.*	zwanzig
bîstûneh *num.*	neunzehn
sî *num.*	dreißig
sî û heşt *num.*	achtunddreißig
çil *num.*	vierzig
çil û yek *num.*	einundvierzig
pencî *num.*	fünfzig
pencî û du *num.*	zweiundfünfzig
şêşt û çar *num.*	vierundsechzig
heftê *num.*	siebzig
heftê û heft *num.*	siebenundsiebzig
heştê *num.*	achtzig
heştê û sê *num.*	dreiundachtzig
nod *num.*	neunzig
nod û pênc *num.*	fünfundneunzig
sed *num.*	hundert
sed û sî *num.*	hundertunddreißig
sedsî û yek *num.*	hundertundeins
du sed *num.*	zweihundert
sê sed *num*	dreihundert
çar sed *num.*	vierhundert
pênc sed *num.*	fünfhundert
şeş sed *num.*	sechshundert
heft sed *num.*	siebenhundert

heşt sed *num.*	achthundert
neh sed *num.*	neunhundert
hezar *num.*	tausend
hezarsêsed û heft *num.*	tausenddreihundertundsieben
deh hezar *num.*	zehntausend
sed hezar *num.*	hunderttausend
milyon *num.*	Million
milyar *num.*	Milliarde
dîrok *w.*	Datum
yekêmîn *num.*	erster
duyemîn *num.*	zweiter
sêyemîn *num.*	dritter
çaremîn *num.*	vierter
pêncemîn *num.*	fünfter
şeşêmîn *num.*	sechster
heftêmîn *num.*	siebter
heştêmîn *num.*	achter
nehêmîn *num.*	neunter
dehêmîn *num.*	zehnter
yanzdehmîn *num.*	elfter
dwanzdehmîn *num.*	zwölfter
sêzdehmîn *num.*	dreizehnter
çardehmîn *num.*	vierzehnter
panzdehmîn *num.*	fünfzehnter
şanzdehmîn *num.*	sechzehnter
heftdehmîn *num.*	siebzehnter
heştdehemîn *num.*	achtzehnter
nozdehmîn *num.*	neunzehnter

bîstemîn *num.* — zwanzigster
sîyemîn *num.* — dreißigster
sîyûyekêmîn *num.* — einunddreißigster

INFO Wer auf Kurdisch zählen kann, kann es auch auf Persisch. Beides sind iranische Sprachen, die zur indogermanischen Sprachfamilie gehören. Andere nah verwandte Sprachen sind z.B. das Pashto (Pakistan) und das Dari (Afghanistan).

Mengen und Maße – Mîqdar û Pîve

berfirehî *w.*	Umfang
bilindayî *w.*	Höhe
çend heb *adj.*	wieviele
dirêj *adj.*	lang
dirêjî *adj.*	Länge
firehî *w.*	Breite
giran *adj.*	schwer
giranî *w.*	Gewicht
kîlogram *w.*	Kilogramm
gram *w.*	Gramm
ton *w.*	Tonne
hindik *adj.*	wenig
hindiktir[22] *adj.*	weniger
kin *adj.*	kurz

22 Der Komparativ wird durch die Endung **-tir** und der Superlativ durch die Endung **-tirîn** gebildet: kin – kurz, kin**tir** – kürzer, kin**tirîn** – am kürzesten. Ausnahmen sind z.B.: groß – **mezin**, größer – **mestir**, am größten – mezin**tirîn**; gut – **baş**, besser – **çêtir,** am besten – **herî baş/çêtirîn**

kûrahî *w.*	Tiefe
lîtir *w.*	Liter
metre *m.*	Meter
milîmetre *w.*	Millimeter
santîmetre *w.*	Zentimeter
mezin *adj.*	groß
mestir *adj.*	größer
pir *adv.*	viel
Iro karê me pir e.	Heute haben wir viel Arbeit.
sivik *adj.*	leicht
zêde *adv.*	mehr
Ez zêde naxwasim.	Ich will nicht mehr.

Zeit und Raum – Dem û Cih

alo *interj.*	hallo
ber *präp.*	an/bei/neben
Ber dêrî zingilek heye.	An der Tür ist eine Glocke.
berê *adv.*	damals
bin *präp.*	unter
Li bin masê binere.	Schau unter dem Tisch.
cara yekêmîn *w. num.*	zum ersten Mal
carekê din *w. adj.*	ein anderes Mal
carna *adv.*	manchmal
carna wisa, carna wisa	mal so, mal so
çawa *adv.*	wie *(Fragewort)*
çep *adv.*	links
ciqas *adv.*	wieviel

çirk *w.*	Sekunde
dawîya heftê *w.*	Wochenende
dem *w.*	Zeit
Dema bê xweşik e.	Die Zukunft ist schön.
dema bê *w.*	Zukunft
dema borî *w.*	Vergangenheit
demjimêr *w.*	Uhr
dereng *adj.*	spät
dereng man *ve. trans.*	sich verspäten
Ez rê de me û dereng dimînim.	Ich bin unterwegs und verspäte mich.
derengtir *adj.*	später
di ... re *präp.*	durch
Em di tunelê re diçin.	Wir fahren durch den Tunnel.
di nav de *adj.*	zwischen
di wext de *adj.*	rechtzeitig
dirêj *adj.*	lang
dîsa *adv.*	wieder
duh *adv.*	gestern
dûr *adj.*	fern
dusibehê *adv.*	übermorgen
eger *konj.*	wenn, falls
Eger min te bidîta.	Wenn ich dich gesehen hätte.
ê berê *adj.*	voriger
ev *präp.*	dieser/es/e
ew[23] *präp.*	jener/es/e

23 **ew** ist zugleich das Personalpronomen für er/sie.

hêdî *adj.*	langsam
heman *adv.*	jetzt gleich
hertim *adv.*	immer
hûrdem *w.*	Minute
îro *adv.*	heute
ji ku *adv.*	woher
ji nîşkê *adv.*	plötzlich
ji *präp.*	aus
ji – hata *präp.*	von – bis
ji sibehê hata êvarê	von morgens bis abends
Ji vir hata wir dûr nîn e!	Von hier bis dort ist es nicht weit!
kêm *adj.*	vor *(zeitlich)*
kêm *adv.*	selten
kingê *adv.*	wann
ku	dass; der, die, das
Zarokê piçuk, ku	das kleine Kind, das
Min bawer nekir, ku te...	Ich habe nicht geglaubt, dass du...
ku derê *adv.*	wohin
Tu diçî ku derê?	Wohin gehst du?
li ku *adv.*	wo
Baran li ku ye?	Wo ist Baran?
li jêr *adv.*	unten
li jor *adv.*	oben
li/di *präp.*	in
Ez li Stembulê dijî*m.*	Ich lebe in Istanbul.
Sêv di kîsikî de ne.	Die Äpfel sind im Beutel.
li rex *präp.*	neben
Li rex min rûne.	Setz dich neben mich.

li ser *präp.*	auf/über
li ser	auf dem
Pirtuk li ser dolabê ye.	Das Buch ist auf dem Schrank.
nêzîk *adj.*	nah
nîvê şevê *w.*	Mitternacht
nîvro *w.*	Mittag
par *adv.*	letztes Jahr
paşê *adv.*	nachher/dann
pêr *adv.*	vorgestern
pêş *adv.*	vorne
paş *adj.*	hinten
pirî car *adv.*	oft
qet *adv.*	nie
rast *präp.*	rechts
roj *w.*	Tag
saet *w.*	Stunde
Saet sisê şevê.	Es ist drei Uhr nachts.
sal *w.*	Jahr
salek berê *w.*	vor einem Jahr
salname *w.*	Kalender
sedsal *w.*	Jahrhundert
sedsala berê	das vorige Jahrhundert
sekinîn *ve. intr.*	warten
şev *w.*	Nacht
sibeh *w.*	Morgen
û *konj.*	nach/und *für die Uhrzeit*
vir *adv.*	hier
Ew ji vir dûr e?	Ist das weit von hier?

vira *adv.*	hierher
Ew dixwaze were vira.	Er möchte hierher kommen.
wê derê *adv.*	dorthin
wir *adv.*	dort
xêlek *adv.*	bald
zû *adv.*	früh
Neçe, hê zû ye!	Es ist noch früh, geh nicht!
zû *adj.*	schnell
zûtir *adj.*	schneller

INFO Bei den Uhrzeiten sagt man beispielsweise **Saat sisê kêm bîst e.** – Es ist zwanzig vor drei. **Saat şeş û nîv e.** – Es ist halb sieben. Viertel vor und Viertel nach heißen auf Kurdisch **kêm çarek** und **û çarek e.**

Jahreszeiten, Monate, Wochentage – Demsal, Meh, Rojên hefteyê

rêbendan *w.*	Januar/Jänner
reşemî *w.*	Februar/Feber
adar *w.*	März
avrêl *w.*	April
gulan *w.*	Mai
pûşper *w.*	Juni
tîrmeh *w.*	Juli
gelawêj *w.*	August
rezber *w.*	September
kewçêr *w.*	Oktober

INFO Die Wochentage kann man sich leicht merken. Sie beginnen mit dem Sonntag **yekşem,** dem ersten Tag der Woche und enden mit dem Samstag **şemî**. Der Montag ist somit der zweite Tag der Woche, der **duşem**.

sermawez *w.*	November
berfanbar *w.*	Dezember
hefte *w.*	Woche
civîna hefteyî	wöchentliche Versammlung
yekşem *w.*	Sonntag
duşem *w.*	Montag
sêşem *w.*	Dienstag
çarşem *w.*	Mittwoch
pêncşem *w.*	Donnerstag
în *w.*	Freitag
şemî *w.*	Samstag
demsal *w.*	Jahreszeit
meh *w.*	Monat
bihar *w.*	Frühling
havîn *w.*	Sommer
payîz *w.*	Herbst
zivistan *w.*	Winter

Farben und Formen – Reng û Qalib

binefşî *adj.*	violett
çargoşe *adj.*	viereckig
dûz *adj.*	gerade
girî *adj.*	grau
gulover *adj.*	rund
heşîn *adj.*	hellblau
kad *w.*	Kugel
kesk *adj.*	grün
pembe *adj.*	rosa
qalib *m.*	Form
qîçik *adj.*	gelb
reng *w.*	Farbe
reş *adj.*	schwarz
ronî *adj.*	hell, leuchtend
şîn *adj.*	blau
sor *adj.*	rot
spî *adj.*	weiß
Kincê wê spî ye.	Ihre Kleidung ist weiß.
mor *adj.*	lila
tarî *adj.*	dunkel
xeyirî *adj.*	blass
sêgoşe *adj.*	dreieckig
xwar *adj.*	schief/krumm
zar *w.*	Würfel
zêrîn *adj.*	golden

INFO Die Farbe Rot ist sehr beliebt bei den Kurden. Ein kurdisches Sprichwort besagt: **Bila pênç kuruş zêde be lê bila sor be!** – «Es soll fünf Groschen mehr kosten, aber dafür rot sein!».

Vergleich und Bewertung – Hempakirin û Nîrxandin

baş *adj.*	gut
çêtir *adj.*	besser
bijartin *ve. trans*	wählen
çil *w.*	Kopie
cuda *adj.*	anders
cudayî *w.*	Unterschied
hempa kirin *ve. trans.*	vergleichen
hemû *adj.*	alle
jî *adv.*	auch
ji hev cuda *adj.*	verschieden
ji *präp.*	als
kevn *adj.*	alt
nû *adj.*	neu
pir *adj.*	sehr
hinek *adj.*	ein bisschen
mîna/wekî *adj.*	ähnlich
rastîn *adj.*	echt
resen *adj.*	original
sawdar *adj.*	schrecklich
şaş *adj.*	falsch
vajî *adj.*	umgekehrt
wekhev *adj.*	gleich

wekî *adv.*	wie (*Vergleich)*
xerab *adj.*	schlecht
yeman *adj.*	wild/toll (im positiven Sinne gemeint)
mirovek[24] yeman	ein toller Mensch

Ursache und Folge – Sedem û Encam

armanc *w.*	Ziel
awa *m.*	Weise
bi vî awayî	auf diese Weise
bes *adv.*	genug
bêbiryar *adj.*	unentschieden
ceribandin *ve.trans.*	versuchen
Ew ceriband ...	Er/Sie versuchte ...
çima *adv.*	warum
da ku *adv.*	damit
Bixebite da ku tu …	Arbeite damit du…
destûr dayîn *ve. trans.*	erlauben
eger *konj.*	wenn
encam *w.*	Folge
gihîştin *ve. intr.*	erreichen
Ew pişt re gihîşt me.	Sie hat uns später erreicht.
heye ku *adv.*	wahrscheinlich
herçend *konj.*	obwohl

24 Die Endung **ek** drückt die Unbestimmtheit eines Nomens aus: mirovek – ein Mensch. Im Kasus Obliquus wird an die Endung **ek** die entsprechende Ezafe des Geschlechts angehängt. Tu jin**ekê** nas dikî. – Du kennst eine Frau. Tu mêr**ekî** nas dikî. – Du kennst einen Mann.

ji ber ku *konj.*	weil
ji bo *präp.*	für
loma *adv.*	deswegen
mumkîn *adv.*	möglich
plan *w.*	Plan
sedem *w.*	Ursache
serfiraz *adj.*	unabhängig
serketin *w.*	Erfolg
tam *adv.*	genau
tamwisa *adv.*	genauso
tesadufen *adj.*	zufällig
wisa *adv.*	so

Pronomen, Konjunktionen, Adverbien – Cînav, Gihanek, Hoker

belkî *adv.*	vielleicht
bi xwe *pron.*	selber, selbst
Ez bi xwe dinivîsim.	Ich schreibe selbst.
çawa *adv.*	wie
çi *pron.*	was
êdî *adv.*	schon
tu *pers.*	du
em *pers.*	wir
erê *adv.*	ja
ez *pers.*	ich
ew *pers.*	er/sie
hê *adv.*	noch

hem/hem *adv.*	sowohl als auch
hem li havînê hem li zivistanê	im Sommer wie im Winter
her kîjan *pron.*	wer auch immer
herkes *pron.*	jeder
ti *pron.*	nichts
hûn *pers.*	ihr/Sie
ji ber ku *adv.*	da/weil
Ji ber ku zor e.	Weil es schwer ist.
karîn *ve*	können
Tu nikarî	Du kannst nicht…
kesek *pron.*	jemand
kî *pron.*	wer
kîjan *pron.*	welcher
lê *konj.*	aber
me *poss.*	unser
mumkîn *adv.*	möglich
min *poss.*	mein
na/erê *adv.*	nein/ja
Spas, na.	Danke, nein.
ne *adv.*	nicht
ne ez, ne tu	weder ich noch du
nema *adv.*	nicht mehr
te *poss.*	dein
tenê *adv.*	nur
tikesek *pron.*	niemand/keiner
tiştek *pron.*	etwas
û *konj.*	und

(ya/yê/yên) min[25] **poss.**	mein
(ya/yê/yên) te	dein
(ya/yê/yên) wî/wê	sein/ihr
(ya/yê/yên) me	unser
(ya/yê/yên) we	euer
(ya/yê/yên) wan	ihr
Ew erebeya te ye.	Das ist dein Auto.
Ew filmê wan e.	Das ist ihr Film.
Ew pêlavên we ne.	Das sind eure Schuhe.
xwe *pron.*	Reflexivpronomen
Tu xwe dibînî.	Du siehst mich/dich/sich/uns/euch/sich
xwestin *ve. trans.*	wollen
(ya/yê/yên) kê[26] *adv.*	wessen

INFO Das Reflexivpronomen **xwe** wird für alle drei Personen, in Einzahl und Mehrzahl und auch für beide Geschlechter gleich verwendet. Es steht immer vor dem gebeugten Verb.
Das Verb wird verneint, indem ihm die Silben **na-** oder **ni-** vorangestellt werden: **naxwazim, nikarim** – ich will nicht, ich kann nicht.

25 Das Personalpronomen im Kasus Obliquus (*min, te...*) wird erst zum Possesivpronomen, wenn es mit dem Nomen und dessen Endung, die vom Geschlecht des Nomens bestimmt wird, in Zusammenhang gestellt wird. ***Min*** heißt also nicht *mein*, sondern ***ich*** im Kasus Obliquus und wird erst zu ***mein*** in Kombination mit einem anderen Wort: *gula min – meine Rose*. Will man besonders das Besitzverhältnis betonen, schreibt man den Artikel getrennt vom Wort. *Ew erebe **ya** min e. Das ist mein Auto (nicht deines).*

26 *(yê, yên, ya)* ***kê*****:** die Verwendung hängt vom Geschlecht des Nomens und dem Numerus ab, also ob Plural gemeint ist: ***Yên kê*** *ne? Wessen (z.B. Schuhe) sind das?* – oder Singular: ***Ya kê*** *ye? – Wessen (z.B. Blume kulîlk* w.*) ist das?*

Verbtabelle – Tabloya Lêkeran

Um zu lernen, wie man kurdische Verben beugt, geht man am besten immer von der Befehlsform (Imperativ) aus: (xwarin – essen) **bixwe!** – iss! Zur Bildung der Gegenwart (Präsens) muss man nur die Vorsilbe **di-** und die der Person entsprechende Nachsilbe hinzufügen: **dixwim** – ich esse. Transitive Verben werden in der Vergangenheit (Präteritum) immer mit dem Pronomen des Kasus Obliquus **min, te, wî/wê, we, me, wan** gebildet, z.B. **min xwar** – ich aß; intransitive Verben bildet man mit dem Pronomen im Kasus Rektus **ez, tu, ew, em, hûn, ew,** z.B. **ez hatim** – ich kam.

kirin – machen (transitives Verb)

Kurdisch/Kurdî	**Deutsch/Almanî**	**Kurdisch/Kurdî**	**Deutsch/Almanî**
Gegenwart	***Gegenwart***	***Vergangenheit***	***Vergangenheit***
ez dikim	ich mache	min kir	ich machte
tu dikî	du machst	te kir	du machtest
ew dike	er/sie macht	wî/wê kir	er/sie machte
em dikin	wir machen	me kir	wir machten
hûn dikin	ihr macht	we kir	ihr machtet
ew(an) dikin	sie machen	wan kir	sie machten

kenîn – lachen (intransitives Verb)

Kurdisch/Kurdî	**Deutsch/Almanî**	**Kurdisch/Kurdî**	**Deutsch/Almanî**
Gegenwart	***Gegenwart***	***Vergangenheit***	***Vergangenheit***
ez dikenim	ich lache	ez keniyam	ich lachte
tu dikenî	du lachst	tu keniyayî	du lachtest
ew dikene	er/sie lacht	ew keniya	er/sie lachte
em dikenin	wir lachen	em keniyan	wir lachten
hûn dikenin	ihr lacht	hûn keniyan	ihr lachtet
ew(an) dikenin	sie lachen	wan keniyan	sie lachten

Verb/Lêker Infinitiv/Rader	**Präsens/ Dema niha**	**Päteritum/ Dema borî**	**Imperativ/ Fermanî**	**Deutsch/ Almanî**
	1. Pers. Sing.	*1. Pers. Sing.*	*Sing.*	
anîn *trans.*	tînim	anî	bîne	bringen
axaftin *trans.*	diaxifim	axifîm	biaxife	sprechen
bang kirin *tr.*	bang dikim	bang kir	bang bike	rufen
baz dan *trans.*	baz didim	baz da	baz bide	springen
bîr kirin *trans.*	bîr dikim	bîr kir	bîr bike	vergessen
bûn[27] *intr.*	im/me	bûm	be	sein
bûn *intr.*	dibim	bûme	bibe	werden
çêkirin *trans.*	çêdikim	çêkir	çêbike	machen
kirin *trans.*	dikim	kir	bike	tun
çepik lê dan *tr.*	çepik lê didim	çepik lê da	çepik lêde	klatschen
çûn *intr.*	diçim	çûm	biçe	gehen
dan *trans.*	didim	da	bide	geben
derew kirin *tr.*	derew dikim	derew kir	derew bike	lügen
destpê kirin *tr.*	destpê dikim	destpê kir	destpê bike	anfangen
dirandin *intr.+ trans.*	didirînim	dirand	bidirîne	zerreißen
dîtin *trans.*	dibînim	dît	bibîne	sehen
ecibandin *trans.*	diecibînim	eciband	biecibîne	gefallen
fêr bûn *intr.*	fêr dibim	fêr bûm	fêr bibe	lernen
firîn *intr.*	difirim	firîyam	bifire	fliegen
gazî kirin *trans.*	gazî dikim	gazî kir	gazî bike	herrufen
gez kirin *trans.*	gez dikim	gez kir	gez bike	beißen
girîn *intr.*	digrîm	girîyam	bigrî	weinen

27 Ez zarokek **bûm, bûme** mezin. Ich war ein Kind und wurde groß. (Das Verb bûn einmal als das Verb sein und einmal als werden.)

Verb/Lêker Infinitiv/Rader	**Präsens/ Dema niha**	**Päteritum/ Dema borî**	**Imperativ/ Fermanî**	**Deutsch/ Almanî**
	1. Pers. Sing.	*1. Pers. Sing.*	*Sing.*	
girtin *intr.*	digrim	girt	bigre	halten/nehmen
gotin *trans.*	dibêjim	got	bêje	sagen
guhdarî kirin *tr.*	guhdarî dikim	guhdarî kir	guhdarî bike	hören
hatin *intr.*	têm	hatim	worê	kommen
hebûn[28] *trans.*	heye	hebû	dive hebe	haben
hebûn *intr.*	heme	hebûm	hebe	existieren
hez kirin *trans.*	hez dikim	hez kir	hez bike	mögen
hîs kirin *trans.*	hîs dikim	hîs kir	hîs bike	fühlen
jiyîn *intr.*	dijîm	jiyam	bijî	leben
kelandin *trans.*	dikelînim	keland	bikelîne	kochen
kenîn *intr.*	dikenim	kenîyam	bikene	lachen
keştandin *trans.*	dişkinim	keştand	bişkine	brechen
ketin *intr.*	dikevim	ketim	bikeve	fallen
lê xistin[29] *trans.*	lê dixim	lê xist	lêxe	schlagen
mirin *intr.*	dimirim	mirim	bimire	sterben
nihêrîn *intr.*	dinihêim	nihêrî	binihêre	ansehen
nivîsandin *trans.*	dinivîsim	nivîsî	binivîse	schreiben
pêşkêş kirin *trans.*	pêşkêş dikim	pêşkêş kir	pêşkêş bike	anbieten

28 Man sagt: Min erebeyek **heye**. – Ich habe ein Auto. Hier steht das Verb **haben** im Sinn von Zugehörigkeit und Besitz. Wenn man ausdrücken will, dass etwas existiert, sagt man zum Beispiel: Ez **heme**. – Ich existiere.

29 Die Präposition **lê** wird hier zu **li** (Name des Objektes/der Person). Ez **li** te dixim. – Ich schlage dich.

Verb/Lêker Infinitiv/Rader	**Präsens/ Dema niha**	**Päteritum/ Dema borî**	**Imperativ/ Fermanî**	**Deutsch/ Almanî**
	1. Pers. Sing.	*1. Pers. Sing.*	*Sing.*	
qîjîn *intr.*	diqîjim	qijîyam	biqîje	brüllen
rabûn *intr.*	radibim	rabûm	rabe	aufstehen
rakirin *trans.*	radikim	rakir	rake	aufheben
razan *intr.*	radizêm	razam	razê	schlafen
rûniştin *intr.*	rûdinim	rûniştim	rûne	sitzen
sekinîn *intr.*	disekinim	sekinîm	bisekine	warten
şîrove kirin *tr.*	şîrove dikim	şîrove kir	şîrove bike	erklären
tam kirin *trans.*	tam dikim	tam kir	tam bike	schmecken
tirsîn *intr.*	ditirsim	tirsîyam	bitirse	fürchten
texmîn kirin *tr.*	texmîn dikim	texmîn kir	texmîn bike	raten
vekirin *trans.*	vedikim	vekir	veke	öffnen
vexwarin *trans.*	vedixwim	vexwar	vexwe	trinken
weşandin *trans.*	diweşînim	weşand	biweşîne	veröffentlichen
xwarin *trans.*	dixwim	xwar	bixwe	essen
xwendin *trans.*	dixwînim	xwend	bixwîne	lesen
xwestin *trans*	dixwazim	xwest	bixwaze	möchten/ wollen

Alphabetisches Register Deutsch – Pêrista alfabetîk Almanî

A

abbiegen 54
Abend 13
Abendessen 30
Abendprogramm 78
aber 96
Abgeordneter 67
Abgrund 58
abreisen 53
abschließen 46
Abschlussprüfung 46
absichtlich 18
acht 82
achter 84
achthundert 84
achtunddreißig 83
achtzehn 83
achtzehnter 84
achtzig 83
addieren 45
Adler 62
Adresse 14, 80
Afrika 55
ähneln 75
ähnlich 93
Alevitentum 71
Alkohol 32
alle 93
Allergie 32
als 93
alt 93
Ameise 62
Amerika 55
amtlich 66
an/bei/neben 86
Analyse 36
analysieren 70
anbieten 100
ändern 60
anders 93
anfangen 99
Angebot 65
Angriff 66
anklicken 81
anmalen 50
Anruf 79
Anrufbeantworter 78
anrufen 81
ansehen 100
ansuchen 56
Anti Virus Programm 80
Antwort 78
anziehen 41
Apfel 30
Apotheke 36
Aprikose 31
April 90
Ära 69
Arabisch 55
Arbeit 47
Arbeitsbedingung 48
Arbeitskollege 47
arbeitslos 47
Archäologie 69
Architektur 76
arm 68
Arm 34
Armee 66
Armenien 55
Armreifen 39
Arzt 35
Aschura Tag 52
Assistent 46
Astronomie 77
athletisch 49
Atom 76

Auberginen 28
auch 93
auf diese Weise 94
auf/über 89
Auf Wiedersehen 14
Aufenthaltserlaubnis 52
aufheben 19, 101
aufkleben 81
Aufnahmeprüfung 46
aufpassen 34, 38
aufräumen 31
aufstehen 26
aufziehen 24
Augen 23
Augenbrauen 32
August 90
aus 88
ausbeuten 58
Ausblick 57
ausdrücken 28
ausführen 66
aussehen 21
Aussprache 73
Ausstattung 48
Ausstellung 43
Australien 55
auswandern 55
auswendig lernen 44
ausziehen 35
Auto 52
Autobahn 54

B

Baby 22
Bach 57
Bachelor 46
Backe 33
backen 29
Bäckerei 38
Badezimmer 25
Bahnhof 53
bald 19, 90
Balkon 27
Ball 51
Balladenform 49
Bär 61
Bart 21
Bauer 63
Baumwolle 41
Bedeutung 75
beeilen 52
begabt 49
Behandlung 35
Bein 34
beißen 99
bekannt 43
bekommen 81
belästigen 16
beleidigt sein 20
Belgien 55
beneiden 17
Benzin 52
Berater 71
bereit 52
Berg 57
Bergsteiger 57
Bernstein 40
Beruf 48
berühmt 43
berühren 36
Besatzer 66
bescheiden 15
besetzt sein 80
Besitzer 65
Besprechung 65
besser 32, 93
bestellen 41
bestohlen werden 38
Betonung 74
Bett 26
Bettdecke 25
beugen 37
Beutel/Sack 38
bewegen 36

Bewerbung 48
Bewusstsein 69
bezahlen 38, 41
Bezirk 55
Bibel 71
Bibliothek 46
Biene 61
Bier 42
Bild 51
Bildhauer 43
Bildschirm 79
billig 38
Biologie 76
Birne 28
bist 12
bitte schön 13
bitten 14
blass 92
blau 92
Blitz 59
Bluse 39
Blut 35
Boden 25, 59
Börse 65
Brand 37
braten 30
Braut 22
Bräutigam 24
Brautkleid 40
brechen 33, 100
Breite 85
Brief 80
Briefmarke 81
Briefumschlag 81
bringen 99
Brot 29
Brücke 43
Bruder 22
brüllen 101
Brust 35
Buch 45
Buchstabe 75
Buddhismus 71
Bürgermeister 68
Bus 53
Busen 34
Butter 30

C

Chance 48
Charakter 15
Chat 79
Chef 47
Chemie 76
Chirurg 36
Chor 43
Christentum 72
Computer 80
Computerspiel 80
Cousin/Cousine 23

D

da/weil 96
damals 86
damit 94
Dank 14
dankbar 19
dass, die, der,das 88
Dattel 31
Datum 84
Definition 77
dein 96
Demokratie 66
Demonstration 67
denken 17
Denkmal 42
deswegen 95
Deutschland 55
Devisen 65
Dezember 91
Dialekt/Akzent 55, 75
Diät halten 34
Dichter 73
Dichtung 73

dick 21
Dienstag 91
Dienstleistung 65
dieser/es/e 87
Diktatur 66
Diplomarbeit 46
Direktor 47
diskutieren, streiten 17
dividieren 45
Doktor 46
Dokument 69
Dokumentation 78
Dollar 65
Döner 42
Donner 60
Donnerstag 91
Dorf 25
dorthin 90
Dozent 46
Drama 73
drei 82
dreieckig 92
dreihundert 83
dreißig 83
dreißigster 85
dreiundachtzig 83
dreizehn 82
dreizehnter 84
dritter 84
Droge 35
drucken 79
Drucker 79
du 13
Dummkopf 15
dunkel 27, 92
dunkelhaarig/dunkler Typ 20
dünn 21
durch 87
durcheinander 27
durchfallen 46
durstig 30
Dusche 27

E

Ebene 57
E-Buch 79
echt 93
Edelstein 40
egoistisch 16
Ehe 24
Ehefrau 24
Ehemann 24
ehrlich 15
Ehrung 43
Ei 63
Ei/Spiegelei 28
Eichhörnchen 62
ein bisschen 93
ein Paar 39
einfach 50
einheimisch 56
einheizen 27
Einleitung 73
Einreisebedingungen 56
eins 82
einsam 17
Eintritt 43
Eintritts-, Fahrkarte 42
einunddreißigster 85
einundvierzig 83
einverstanden sein 18
Eis 41
eisig 59
Eiweiß 77
elektrisch 76
elf 82
Elfenbein 40
elfter 84
Eltern 22
E-Mail 79
Energie 77
Engel 72
England 55
Englisch 44
Enkel 24

Entdeckung ... 77
entlassen ... 36
entschuldigen ... 18
entwickeln ... 77
er/sie ... 95, 21
Erbe ... 70
Erde ... 57, 59
erfinden ... 76
Erfolg ... 95
erfolgreich sein ... 51
erforderlich sein ... 39
erhöhen ... 66
erholen ... 53
Erkältung ... 35
erklären ... 19, 45, 101
erlauben ... 79, 94
ernst ... 35
Ernte ... 64
ernten ... 63
erreichen ... 79, 94
Ersatzteil ... 64
erschaffen ... 76
Erste Hilfe ... 35
erster ... 84
ersticken ... 37
Ertrag ... 48
ertragen/dulden ... 19
ertrinken ... 37
erzählen ... 17, 18, 75
Erziehung ... 45
Esel ... 61
essen ... 31, 101
Essen ... 31
etwas ... 96
euer ... 13, 97
Euro ... 65
Europa ... 55
Evolution ... 77
Evolutionstheorie ... 77
Experiment ... 77
Export ... 65

F

Fabrik ... 63
Fach ... 44
Fachmann ... 46
fähig ... 15
Fahrrad fahren ... 49
Fahrt ... 54
fallen ... 100
fällen ... 57
falls ... 74
falsch ... 93
falsch liegen ... 19
Familie ... 23
Familienoberhaupt ... 24
Farbe ... 92
fasten ... 52
Fastenmonat Ramadan ... 51
faul ... 19
Fax ... 79
Februar ... 90
Feige ... 28
Feld ... 27, 64
Fell ... 61
Fels ... 59
Fenster ... 26
Ferien ... 44
Ferienhaus ... 25
fern ... 87
Fernseher ... 81
Fest ... 51
Fest/Veranstaltung ... 43
fester Zustand ... 76
Fett ... 77
fettig ... 28
feucht ... 60
Fieber ... 32
Film ... 43, 79
Filmwissenschaften ... 73
finden ... 38
Finger ... 35
Firma ... 47
flehentlich bitten ... 15

Fleisch 28
Fleischerei 39
Fleischspieß 30
Fliege 61
fliegen 53, 99
fliehen 68
flink 49
Flucht 56
Flugbegleiter/in 53
Flughafen 52
Fluss 58
Flüssigkeit 77
Fohlen 61
Folge 69, 94
Folter 67
Form 76, 92
Formel 76
forschen 76
Forum 79
Foto/Bild 51
Frage 14
fragen 14, 18
Frankreich 55
Frau 20
frei 66
frei/leer 43
Freiheit 66
Freiheitskämpfer 67
Freitag 91
fremd sein 19, 56
Fremdsprache 56
Freund 23
Frieden 66
frisch 30, 64
froh 17
fröhlich 16
fruchtbar 57
früh 90
Frühling 59
Frühstück 30
Fuchs 62
fühlen 16, 100
Führerschein 52
fünf 82
fünfhundert 83
fünfter 84
fünfundneunzig 83
fünfzehn 82
fünfzehnter 84
fünfzig 83
für 95
fürchten 19, 101
Fuß 34
Fußball 49
füttern 64

G

Gabel 28
Garten 25
Gas 76
Gast 13
geben 41, 99
Gebet 71
Gebirgskette 59
geboren werden 70
Geburtstag 52
Gedicht 73
gefährlich 78
gefallen 20, 43, 99
Gefängnis 67
Gegend 57
gegenseitig 13
Gehalt 47
Geheimnis 71
gehen 99
Geisteswissenschaft 71
gekochter Reis 28
gelb 92
Geld 65
Geldtasche 38
Gelegenheit 47
Gemeinschaft 66
Gemüsegarten 25
genau 95

genauso 95
genetisch 76
genug 94
Geografie 69
gerade 92
geradeaus 53
Gericht 66
Gerste 28
Geschäft 38
Geschichte 69
Geschichtsbuch 70
Geschirr 28
Geschmack 30
Geschwindigkeit 53, 76
Gesellschaft 65
Gesetz 70
Gesicht 21
gestern 87
gesund 34
Gewicht 76, 85
Gewinn 65
Gewitter 59
Glaube 71
glauben 71
gläubig 71
gleich 19, 93
Gleichung 78
Gletscher 58
glücklich 19
Glückwunsch 51, 80
Gold 41
golden 92
Gott 72
Grad 60
Gramm 85
Grammatik 45
gratulieren 51
grau 92
grausam 19
Grenze 54
griechischen Götter 72
Grippe 33
groß 20, 86
groß gewachsen 20
großartig 19
größer 86
großer Topf 28
Großmutter 23
grün 92
Grundschule 44
Gruppe 76
Gruß 14
grüßen 14
gut 12, 93
gut/angenehm 15
gut/besser 32
Guten Morgen 12
Guten Tag 14
Guten Abend 13
gutherzig 15
Gymnastik 50

H

Haar 21, 108
haben 100
Hagel 60
hallo 12, 78, 86
Hals 33
Halskette 39
halten 100
Haltestelle 53
Hand 23, 32
Hände waschen 25
Handel 65
Handlung 75
Handtasche 38
Hardware 80
hart 76
Hauptstadt 56
Haus 27
Hausarbeit 25
Hausfrau 25
Hausschuhe 27
Haustiere 61

Haut 32
Heer 67
Heft 45
Heidentum 72
Heim 47
Heimweh 55
heiraten 24
heiß 29
Heizung 25
Held 74
helfen 28, 66
hell 26, 92
hellblau 92
Hemd 40
Hengst 61
heranwachsen 34
Herbst 60, 91
Herd 26
herein bitten 13
herrenlos 25
Herrscher 70
herrufen 99
herstellen 64
herunterladen 79
Herz 32
Heu 63
heute 88
Hidirellez 52
hier 89
hierher 90
Hilfe 35
Himmel 59
hinaufladen 78
Hinduismus 71
hinten 89
Hirte 64
Hirtenflöte 63
Hochland 59
Hochzeit 23
hoffen 18
höflich/fein 15
Höhe 85
Höhle 58
Hölle 71
Honig 28
Honigmelone 29
hören 17, 79, 100
Hose 41
Hotel 53
Hügel 59
Huhn 64
Huhn/Hahn 61
Hund 62
hundert 83
hunderttausend 84
hundertunddreißig 83
hundertundeins 83
Hunger 69
hungrig 28
husten 34
Hypothese 76

I

ich 13, 95
ihr 13, 96, 97
Imam 71
immer 88
Import 65
in Ordnung 19
infizieren 35
Informatik 76
Informationsquelle 69
innovativ 74
Insel 57
installieren 81
intellektuell 74
interessant 15
interessieren 16
international 65
Internet 80
Internetseite 80
Interview 80
Irak 55
Iran 55

Islam 71
ist 12
Italien 55

J
Ja 96
Jacke 40
Jahr 89
Jahreszeit 59, 91
Jahrhundert 70
Januar 90
jeder 96
jemand 96
jener/es/e 87
jetzt gleich 88
Joghurtgetränk 28
Joghurtsuppe 30
Judentum 71
Juli 90
jung, fesch 20
Junge 20, 23
junger Mann 21
Juni 90

K
Kabarett 74
Kabarettist 75
Kaffee 41
Kaiser 70
Kaiserin 70
Kalender 89
Kalligraphie 43
kalt 60
Kamera 74
Kampf 68
Kanada 55
Kapitalismus 67
Kapitel 73
kaputt 27
kaputtgehen 64
Karriere 47
Kartenspiel 50
Kartoffel 64
Käse 29
Katze 62
kaufen 27, 39
Kebap 42
Kehle 34
kennen lernen 18
Kern 28
Kilometer 53
Kilogramm 85
Kind 24
Kirche 43
Kissen 25
Klasse 44
klatschen 99
Kleid 40
klein 20
klein gewachsen 20
kleine Pizza 42
klettern 50
Klima 60
Klingel 27
kochen 29, 100
Kochtopf 29
Köfte 42
Kohl 64
Kohlenhydrat 76
komisch 74
kommen 79
Kommunismus 67
Konditorei 42
Konferenz 66
König 67
Königin 66
können 96
Kontinent 55
Kontrolle 55
Konzert 43
Kopf 34
Kopftuch 40
Kopie 93
kopieren 46

Koralle 40
Koran 72
Kosten 53
kostenlos 38
Krähe 62
Kralle 62
krank 34
Krankenhaus 37
Krankenschwester 37
Krankheit 36
Krankschreibung 37
Kredit 65
Kreuzworträtsel 51
Krieg 68
Kritik 81
Kritiker 74
Küche 26
Kuchen 42
Kugel 92
Kuh/Ochse 61
Kühlschrank 30
Künstler 43
Kurdisch 45
Kurdisches Neujahr 51
kurz 85
Kurzgeschichte 74
küssen 23

L
Labor 76
lachen 18
Lächeln 20
Lager 63
Lamm 61
Landkarte 53
Landschaft 57
Landwirtschaft 63
lang 85, 87
Länge 85
langsam 79
lassen 18, 32
laufen 50
Laut 73
leben 100, 13
Leben 13, 33
Lebenslauf 47
Legende 69, 73
Lehrer 45
leicht 86
Lektion/Unterrichtsstunde 45
lernen 99, 44
lesen 101, 45
letztes Jahr 89
Licht 26
Lichtgeschwindigkeit 77
lieb 79
lieben 18, 23
liebenswürdig/nett 16
lila 92
Lineal 45
links 86
Linsensuppe 42
Liter 86
Literatur 75
Literaturliebhaber 75
Literaturwissenschaften 75
live 75
Löffel 29
lösen 49
Lösung 47
Löwe 62
Luft 60
Lüge 66
lügen 99
Lunge 34

M
machen 18, 99
Mädchen 20
mager 28
Mai 90
malen 45
Maler 43
Malerei 43

manchmal 86
Mann 20
Mannschaft 51
Mantel 40
Märchen 73
Markt 38, 65
Märtyrer 68
März 90
Maschine 64
Maße 77
Master 46
Mathematik 77
Maus 62, 80
Maximum 77
Medien 80
Medikament 32
Meer 57
Mehl 63
mehr 86
mein 13, 96, 97
mein Leben 22
melken 63
Melkerin 63
Mensch 15
Menschenrecht 67
Menü 41
messen 77
Messer 29
Metapher 74
Meter 86
Mesopotamien 58
mieten 25
Migration 67
Milch 30
Militärstaat 66
Milliarde 84
Millimeter 86
Million 84
Minderheit 67
Minimum 76
Minister 68
Ministerium 68
Minute 88
miserabel 32
Mist 64
mitfühlend 17
Mitglied 66
mitschreiben 46
Mittag 89
Mittagessen 28
Mittelalter 70
Mitternacht 89
Mittwoch 91
Mobiltelefon 81
möchten 101
Modell 64
modern 74
mögen 100
möglich 95
Möglichkeit 70
Molekül 77
Monarchie 67
Monat 91
Mond 60
Montag 91
Morgen 12, 89
Moschee 42
Motor 64
Mücke 61
Mühle 63
multiplizieren 45
Mund 32
Museum 43
Musik 50
Musikinstrument 42
müssen 39
Mutter 23
Muttersprache 56
Mythologie 72

N
nach/und 89
Nachbarländer 56
nachher 89

Nachname ... 14
Nachricht ... 81
Nachrichten im Fernsehen ... 81
Nacht ... 89
nah ... 89
nähen ... 49
Naher Osten ... 56
Nase ... 21
nass ... 60
Nation ... 67
natürlich ... 59
Naturwissenschaft ... 78
neben ... 86, 88
negativ ... 77
nein ... 96
nervös ... 15
Netz ... 81
neu ... 93
Neugeborenes ... 22
neun ... 82
neunhundert ... 84
neunter ... 84
neunzehn ... 83
neunzehnter ... 84
neunzig ... 83
nicht ... 96
nicht gut ... 15
nicht mehr ... 96
nichts ... 96
nie ... 89
niemand ... 96
niesen ... 33
noch ... 95
Norden ... 59
normal ... 36
Note ... 44
notwendig sein ... 38
November ... 91
Nudeln ... 29
null ... 82
nur ... 96
Nuss ... 28

O
obwohl ... 94
Ofen ... 27
öffnen ... 27, 81, 101
oft ... 34, 89
ohnmächtig werden ... 33
Ohr ... 33
Ohrring ... 40
Oktober ... 90
Oliven ... 31
Oma ... 23
Onkel ... 22, 24
Opa ... 22
Operation ... 36
Opfer ... 51
Opferfest ... 51
Opposition ... 66
ordentlich ... 48
Organisation ... 66
organisieren ... 43
Organismus ... 77
orientalische Laute ... 43
original ... 93
Osten ... 60
Österreich ... 55

P
Paket ... 80
Palmen ... 58
Panorama ... 57
Papier ... 45
Paprika ... 29
Parade ... 67
Paradies ... 71
parken ... 53
Partei ... 67
Pass ... 53
passieren ... 36
Patient ... 36
Pause ... 45
Pension ... 47
pensioniert sein ... 47

Perle ... 40, 41
Pfanne ... 30
Pfau ... 62
Pferd ... 50, 61
Pferderennen ... 50
Pfirsichsaft ... 41
pflanzen ... 63
Physik ... 76
Plan ... 95
Plateau ... 58
Platz anbieten ... 13
plötzlich ... 88
Politik ... 68
Politiker ... 68
Polizist ... 68
positiv ... 76
positives Schicksal ... 71
Post ... 80
Postfach ... 80
Postkarte ... 80
praktisch ... 70
Präsident ... 68
Presse ... 66
Prinz ... 70
privat ... 56
Problem ... 48
Produkt ... 63
Programm ... 78
Projekt ... 67
Prophet ... 72
Protest ... 68
Prozent ... 65
prüfen ... 76
Prüfung ... 44
Psychologie ... 69
Pullover ... 41
Putsch ... 67
putzen ... 26

Q

Quelle ... 58

R

Radiergummi ... 44
Ramadan Fest ... 51
raten ... 101
Rätsel ... 50, 74
rauchen ... 33
Rebhuhn ... 61
rechnen ... 44
Recht ... 67
rechts ... 89
Rechtschreibung ... 45
rechtzeitig ... 87
Redefreiheit ... 66
reden ... 19
redselig ... 15
Regen ... 59
regieren ... 67
Regierung ... 67
Regisseur ... 73
Reh ... 62
reich ... 68
Reim ... 74
rein ... 15
Reis ... 28
Reise ... 53
reiten ... 50
Religion ... 71
reparieren ... 64
reservieren ... 52
Respekt ... 79
Restaurant ... 41
retten ... 36
Rettung ... 35
Rezept ... 37
Rhythmus ... 73
richtig/falsch ... 45
Ring ... 40
Ritter ... 71
Rock ... 39
Rohstoff ... 64
Roman ... 75
Röntgen schießen ... 37

rosa ... 92
rot ... 92
rothaarig ... 21
Rotwein ... 42
Rücken ... 34
rufen ... 79, 99
ruhig ... 15
rund ... 92
russisch ... 56
Russland ... 56

S
Sage ... 73
sagen ... 18, 100
sagen, erzählen ... 17
Sahne ... 30
Salat ... 42
Salz ... 31
sammeln ... 63
Samstag ... 91
Sand ... 58
Sänger ... 43
sauber ... 15
Schach ... 50
Schaf/Widder ... 61
Schaf/Schafherde ... 61
schenken ... 51
Schere ... 29
scheren ... 63
schicken ... 81
Schicksal ... 71
schief ... 92
Schiff ... 53
schlafen ... 101
Schlafzimmer ... 26
schlagen ... 100
Schlagobers ... 30
Schlange ... 61
schlank ... 21
schlecht ... 16, 27, 94
schlecht/schlechter ... 35
schließen ... 25
schmerzen ... 35
Schmetterling ... 61
Schmuck ... 39
Schnee ... 59
Schneeregen ... 59
schneiden ... 29
Schneider ... 38
schnell ... 50, 90
schneller ... 90
schon ... 95
schön ... 20
Schönheit ... 20
Schrank ... 25
schrecklich ... 93
schreiben ... 45, 80, 100
Schriftsteller ... 74
schüchtern ... 19
Schuhe ... 41
Schuster ... 39
schützen ... 58
schwach werden ... 19
schwanger ... 33
Schwanz ... 61
schwarz ... 92
Schweiz ... 56
schwer ... 51, 85
Schwester ... 24
Schwiegermutter ... 24
Schwiegervater ... 24
Schwimmbad ... 50
schwimmen ... 49
sechs ... 82
sechshundert ... 83
sechster ... 84
sechzehnter ... 84
sechzehn ... 83
See ... 58
Seele ... 16
sehen ... 17, 99
sehr ... 93
seid willkommen ... 27
Seide ... 40

Seife 27
sein 12
sein /ihr 97, 99
Seite 81
Sekunde 87
selber 95
selbständig 48
selbstbewusst 20
selten 88
seltsam 15
Semester 46
Sendung 80
September 90
Serie 81
setzen 26
sich 14, 97
sich anschnallen 54
sich erkälten 35
sich hinlegen 36
sich kümmern 34
sich langweilen 16
sich umdrehen 36
sich vergiften 37
sich verspäten 87
sich waschen 27
sich wundern 18
sicher 17
Sie/ihr 13
sieben 82
siebenhundert 83
siebenundsiebzig 83
siebter 84
siebzehn 83
siebzehnter 84
siebzig 83
Silbe 74
Silber 41
sitzen 101
Sitzplatz 52
sms 81
so 95
Socke 40
Sofa 26
Software 80
Sohn 23
Soldat 67
Sommer 60, 91
Sonne 60
sonnig 59
Sonntag 91
sorgen 18
Souvenir 39
sowohl als auch 96
Soziologie 69
Spam 81
spät 87
später 87
speichern 81
Spiegel 116
Spiel 80
spielen 50, 80
Spielkarten 50
Spinne 62
Sport 51
Sprachwissenschaften 75
sprechen 78
springen 99
Staat 66
Staatsgrenze 56
Stadtplan 53
Stadtteil 54
Stall 27, 64
stark 21, 49
stehen bleiben 53
Stein 58
Steinzeit 69
Steppe 57
sterben 34, 100
Stern 60
Steuer 65
Steuern 47
Stiefel 39
Stift 45
Stil 73

still ... 15
Stipendium ... 46
Stockwerk ... 26
Stoff ... 77
Storch ... 61
Strahl ... 60
Strand ... 58
Straße ... 53
stricken ... 50
Student ... 47
Studentenheim ... 47
Studienrichtung ... 46
Stuhl ... 27, 45
Stunde ... 89
Stundenplan ... 45
Stute ... 61
subtrahieren ... 44
suchen ... 39
Süden ... 59
Sufismus ... 72
Sultan ... 71
Sumpf ... 58
Supermarkt ... 39
Suppe ... 30
süß ... 21
Symbol ... 73
synthetisch ... 41
Syrien ... 56

T

Tabelle ... 77
Tafel ... 45
Tag ... 89
Tagebuch ... 75
Tal ... 58
Talent ... 49
Tante ... 24
tanzen ... 50
Taschentuch ... 40
Tasse ... 28
Tastatur ... 80
Taube ... 61
tausend ... 84
tausenddreihundertundsieben ... 84
Team ... 47
Technik ... 77
Tee ... 41
Tee/Schwarztee ... 28
Teenageralter ... 35
Teil ... 65
teilnehmen ... 66
Teilzahlung ... 39
Telefonnummer ... 80
Teller ... 30
Temperatur ... 60
Teppich ... 27
Terrorist ... 68
teuer ... 38, 79
Text ... 79
Theater ... 43
Theaterstück ... 75
Thema ... 70
Theorie ... 77
Thora ... 72
Thronfolger ... 70
Tickets ... 52
Tiere ... 61
Tiere hüten ... 64
Tiger ... 62
tippen ... 81
Tisch ... 26, 45
Tischtuch ... 26
Tochter ... 23
Toilette ... 27
Tomaten ... 28
Tor ... 49
töten ... 70
Tourist ... 54
traditionell ... 74
tragisch ... 75
trainieren ... 49
Traktor ... 64
Transport ... 65
tratschen ... 18

Traube 30
Traum 27
träumen 27
traurig 17, 19
Treppe 26
treu 15
trinken 101
Trinkglas 28
trocken 60
Tuch 39, 40
tun 99
tun sollen 39
Türkei 56
türkisch 56
Turm 43

U
über 89
über jemanden/etwas lachen 18
überleben 34
übermorgen 87
Übersetzung 75
überzeugen 15
Uhr 87
Umfang 85
Umgebung 57
umgekehrt 93
Umhang 41
umtauschen 54
Umwelt 58
unabhängig 68, 95
unangenehm 15
und 96
unentschieden 94
Unfall 36
Universität 47
Universitätsprofessor 46
unser 96
unter 86
Unterdrückung 66
Unterhemd 40
Unterhose 40
unterrichten 44
Unterschied 93
Unterwäsche 39
unverschämt 15
Ursache 95

V
Vater 22
Vaterland 55
Verabschiedung 14
Verband 37
Verbannung 68
Verbannung/Exil 55
verbessern 45
verbinden 73
Verbot 68
verbreiten 71
verdienen 48
verfolgen 71
Vergangenheit 87
vergessen 44, 99
Vergleich 73
vergleichen 93
verhalten 16
verhandeln 38
verheiratet 24
Verkauf 43
verkaufen 43
Verkehr 54
verlaufen 54
verliebt 23
verlieren 19, 39
verlobt 23
Verlust 65
Vermehrung 78
vermieten 25
vermissen 17
veröden 59
veröffentlichen 101
verschieben 53
verschieden 93
verschmutzen 58

Versprechen ... 68
Verständigung ... 53
verstehen ... 17, 44, 54, 69
verstimmt sein ... 16
versuchen ... 49, 94
Verwandter ... 23
Verwandtschaft ... 23
verzieren ... 50
viel ... 86
viel mehr ... 34
Vielen Dank ... 13
vielleicht ... 95
vier ... 82
viereckig ... 92
vierhundert ... 83
vierter ... 84
vierundsechzig ... 83
vierzehn ... 82
vierzehnter ... 84
vierzig ... 83
violett ... 92
Virus ... 81
Visum ... 54
Vogel ... 61
Vokal und Konsonant ... 73
Volksschule ... 44
Volksweise ... 75
Volumen ... 77
von – bis ... 88
vor ... 88
vorgestern ... 89
Vorhang ... 26
voriger ... 87
Vorlesung ... 46
Vorname ... 14
vorne ... 89
vornehm ... 15
Vorurteil ... 67
Vulkan ... 59

W

Wahl ... 67
wählen ... 93
wahrscheinlich ... 94
Wald ... 57
Wand ... 25
Wange ... 33
wann ... 88
warm ... 25, 60
warmherzig ... 15
warten ... 54, 89, 101
warum ... 17, 94
was ... 13, 95
Wäsche ... 52
waschen ... 41
Waschmittel ... 40
Wasser ... 41
Wasserfall ... 58
Wassermelone ... 31
Wasserpfeife ... 42
wecken ... 26
Weg ... 54
wegräumen ... 29
weil ... 95, 96
Wein ... 42
weinen ... 17
Weise ... 94
weiß ... 92
weit ... 37
Weizen ... 63
welcher ... 96
Weltmarkt ... 65
wenig ... 33, 85
weniger ... 85
wenn ... 87, 94
wer ... 96
wer auch immer ... 96
Werbung ... 65
werden ... 99
wessen ... 97
Westen ... 60
Wetter ... 60
wie ... 12, 86, 94
wieder ... 87

wiederholen ... 44, 79
wieviel ... 86
wie viele ... 85
wild/toll ... 94
Wildtiere ... 61
willenlos ... 19
willkommen sein ... 27
Wimpern ... 32
Wind ... 59
Winter ... 60, 91
wir ... 95
wischen ... 26
wissen ... 20, 45, 71
Wissenschaft ... 78
Witz ... 18, 74
wo ... 13, 88
Woche ... 91
Wochenende ... 87
woher ... 13, 88
wohin ... 88
Wohltätigkeit ... 68
wohnen ... 14
Wohnung ... 25
Wohnzimmer ... 25
Wolf ... 61
Wolke ... 59
Wolle ... 40
wollen ... 20, 97, 101
Wort ... 74
Wörterbuch ... 73
Wunde ... 32
Wunsch ... 20
Würfel ... 92
Wüste ... 57

Y

Yezidentum ... 71

Z

Zahn ... 32
Zarathustrianismus ... 72
Zehe ... 34
zehn ... 82
zehntausend ... 84
zehnter ... 84
Zeichentrickfilm ... 81
zeichnen ... 51
Zeile ... 74
Zeit ... 87
Zeitrechnung ... 69
Zeitung ... 81
Zeitungsartikel ... 79
Zelle ... 77
zerkleinern ... 28
zerreißen ... 99
Zeuge ... 70
Ziege ... 61
ziehen ... 37
Ziel ... 94
Zimmer ... 26
Zimmerdecke ... 26
Zitrone ... 29
Zucker ... 30
Zuckerrübe ... 64
zufällig ... 95
zufrieden sein ... 19
Zug ... 54
zuhören ... 79
Zukunft ... 87
zum ersten Mal ... 86
Zunge ... 35
zusammen ... 17
Zustand/Befinden ... 19
zuverlässig ... 47
zwanzig ... 83
zwanzigster ... 85
zwei ... 82
zweihundert ... 83
zweiter ... 84
zweiundfünfzig ... 83
Zwiebel ... 29
zwischen ... 87
zwölf ... 82
zwölfter ... 84

Alphabetisches Register Kurdisch – Pêrista alfabetîk Kurdî

A
aciz bûn ... 16
aciz kirin ... 16
adar ... 90
afirandin ... 76
agir ... 32
alerjî ... 32
alî kirin ... 28, 66
alîkarî ... 35
Alîkariya Pêşîn ... 35
alkol ... 32
alo ... 12, 78, 86
Almanya ... 55
amade ... 52
ambûlans ... 35
amelet ... 36
amûrê mûzîkê ... 42
anîn ... 99
antreman kirin ... 49
ap ... 22
ar ... 63
aram ... 15
arîkar ... 46
arkeolojî ... 69
armanc ... 94
artêş ... 66
aş ... 63
asîman ... 59
aşîtî ... 66
atletîk ... 49
atom ... 76
av ... 41
ava xoxan ... 41
avahîsazî ... 76
avdew ... 28
avjenî kirin ... 49
avrêl ... 90
awa ... 73, 94
awayê hişk ... 76
Awistirîya ... 55
Awistrialîya ... 55
axaftin ... 78, 99
axivok ... 15
azad ... 66
azadî ... 66
azmun ... 44

B
ba ... 59
bapîr ... 22
bac ... 47, 65
bacanê reş ... 28
bacanê sor ... 28
bahoz ... 59
bakur ... 59
bal dayin ... 38
bal kişandin ... 16
balafirgeh ... 52
balgî ... 25
balkêş ... 15
bang kirin ... 99
banû ... 66
banyo ... 25
bapîr/kalik ... 22
bar kirin ... 78
baran ... 59
barkêşî ... 65
baş ... 12, 93
baş/çêtir ... 32
başûr ... 59
bav ... 22
bavûdê ... 22
bawer kirin ... 71
bawerî ... 71
bax ... 25

baxelor 46
baz dan 99
bazar 38, 65
bazar kirin 38
bazin 39
bazirganî 65
bebik 22
bêbiryar 94
bêdeng 15
bedew 20
bedewî 20
behnteng bûn 16
behr 57
behre 49
behremend 49
behs kirin 17
bejinbilind 20
bêkar 47
bêkes 17
belaş 38
belav bûn 71
Belçîka 55
belgefîlm 78
belgename 69
belkî 95
benzîn 52
ber 86
berbat 32
bêrîvan 63
berdan 32
berdar 57
berdilk 39
berê 86
berf 59
berfanbar 91
berfbaran 59
berfirehî 85
bergeh 57
berhev kirin 63
berî 57
bêrî kirin 17
bermalî 25
bername 78
bernameya êvarê 78
beroş 28
bersîv 78
bersîvkerê telefonê 78
bêrûn 28
berx 61
bes 94
beş 44, 73
beşa xwendine 46
beşdar bûn 66
bêşerm 15
bestenî 41
betlane 44
beyan 12
beyanî baş 12
bi fermê 13
bi paş de avêtin 53
bi vî awayî 94
bi xwe 95
bicih anîn 66
biha 38
bihar 59, 91
bihevre 17
bihevrepeyivîn 65
bihêz 49
bihişt 71
bihîstin 79
bijang 32
bijartin 93
bijîşk 35
bîlet 42, 52
bilêvkirin 73
bilindahî 85
bilûr 63
bin 25, 86
bincilk 39
bindestî 66
binefşî 92
bîr kirin 44
bira 22
bîra 42

birandin ... 63
birçî ... 28
birçîbûn ... 69
bîrdarî ... 42
birêz ... 79
birîn ... 32, 57
birinc ... 28
bîriya welêt ... 55
bîrmendî ... 69
birû ... 32
birûn ... 28()
birusk ... 59
bîsîklet ajotin ... 49
bîst ... 83
bîstemîn ... 85
bîstûneh ... 83
bitav ... 59
biyolojî ... 76
bizin ... 61
bluz ... 39
boç ... 61
borsa ... 65
bostan ... 25
bot ... 39
Bûdîzm ... 71
bûk ... 22
bûn ... 12, 99
bûrs ... 46

C/Ç

camî ... 42
çandin ... 63
canê min ... 22
canî ... 61
çap kirin ... 79
çapemenî ... 66
çapger ... 79
çar ... 82
çar sed ... 83
cara yekêmîn ... 86
çardeh ... 82
çardehmîn ... 84
carekê din ... 86
çaremîn ... 84
çareser kirin ... 49
çareserî ... 47
çargoşc ... 92
carna ... 86
çarşem ... 91
çav ... 28
çavkanî ... 69
çavnebarî kirin ... 17
caw ... 39
çawa ... 12, 86, 95
çay ... 28
ceh ... 28
cejn ... 51
Cejna Remezanê ... 51
çêkirin ... 99
çêlek/ga ... 61
çeleng ... 49
çem ... 57
cemidî ... 59
çend heb ... 85
çente ... 38
çep ... 86
çepik lê dan ... 99
ceribandin ... 49, 77, 94
cerrah ... 36
çet ... 79
çetel ... 28
cewahir ... 39
çi ... 95
cidî ... 35
cihê kirin ... 52
cihê rûniştinê ... 52
Cihûtî ... 71
cil ... 52
çil ... 83, 93
çil û yek ... 83
cîld ... 32
çima ... 94
çinîn ... 63
ciqas ... 86

çirk 87
çîrok 73
civak 66
cîvaknasî 69
civat 66
çivîk 61
civîn 66
ciwan 20
çiya 57
çiya û banî 57
çiyahilkêş 57
cizdan 38
çol 57
cot 39
cotkar 63
cuda 93
cudayî 93
çûn 99

D

da ku 94
dadgeh 66
dagirker 66
dahênandin 76
dan 99
dan kirê 25
dapîr 23
daristan 57
daw 39
dawet 23
dawîya heftê 87
daxistin 79
daxwaz 20
dayin 41
dê 23
deh 82
deh hezar 84
dehêmîn 84
dem 87
dema bê 87
dema borî 87
demjimêr 87
demokratî 66
demsal 59, 9
dendik 28
deng 73
dengbêjî 49
dengdan 79
dengdar û dengdêr 73
depo 63
deq 79
dêr 43
der û dor 57
dereng 87
dereng man 87
derengtir 87
derew 66
derew kirin 66, 99
derhêner 73
derman 32
dermanxane/eczane 36
derpê 40
ders 46
dersdan 44
derûn 69
derxistin 35, 40
derzivan 38
dest 23, 32
deşt 57
dest dan 36
dest şûştin 25
destan 69, 73
destgirtî 23
desthilata leşkerî 66
destmal 40
destmalk 40
destpê kirin 99
destpêk 73
destûr dayîn 94
destûra îkametê 52
deterjan 40
dev 32
dever 57
devjênî kirin 17

devok ... 55
dewlet ... 66
dewran ... 69
dewrana keviran ... 69
deyn ... 65
dezgeh ... 66
di ... re ... 87
di nav de ... 87
di wext de ... 87
dibistana destpêkê ... 44
dijberî ... 66
dikan ... 38
dîktatorî ... 66
dil ... 32
dilbikul ... 17
dilgerm ... 15
dilgeş ... 17
dilîn ... 17
dilpak ... 15
dilsoz ... 15
dîmên ... 57
dîn ... 71
dîndar ... 71
diran ... 32
dirandin ... 99
diranfîl ... 40
dirav ... 38
direfş ... 73
dirêj ... 85, 87
dirêjî ... 77, 85
dîrok ... 84
dirûtin ... 49
dirûv ... 76
dîsa ... 87
dîtin ... 17, 38, 99
diwar ... 25
diwîz ... 65
diyarî kirin ... 51
doçent ... 46
dojeh ... 71
doktor ... 46
dolab ... 25
dolar ... 65
doner ... 42
dotin ... 63
drama ... 73
du ... 82
du sed ... 83
dûa ... 71
dubare kirin ... 79
ducanî ... 33
duh ... 87
dûr ... 87
durust ... 15
duşem ... 91
dusibhê ... 87
duwanzdeh ... 82
duyemîn ... 84
dûz ... 92
dwanzdehmîn ... 84

E/Ê

ê berê ... 87
ecele kirin ... 52
ecêb ... 15
ecibandin ... 43, 99
êdî ... 95
efendî ... 15
Efrîqa ... 55
efsane ... 73
eger ... 87, 94
ehliyet ... 52
ekîb ... 47
ekran ... 79
elektrîkî ... 76
Elewîtî ... 71
em ... 95
e-maîl ... 79
Emerîka ... 55
emîn ... 17
encam ... 69, 94
endam ... 66
e-pirtûk ... 79
eqreba ... 23

erd ... 57
erdnîgarî ... 69
erê ... 96
erebe ... 52
erebî, Erebî ... 55
erênî ... 76
êrîş ... 66
Ermenîstan ... 55
erzan ... 38
êşîn ... 17, 35
esmer ... 20
ev ... 87
êvar ... 13
evîndar ... 23
evro ... 65
evûlûsiyon ... 77
ew ... 87
ewledar ... 47
ewr ... 59
Ewrûpa ... 55
exlaq ... 15
ez ... 13
Ezîdîtî ... 71
ezmûn kirin ... 76
ezmûna dawî ... 46
ezmûna têketinê ... 46

F
fabrîka ... 63
faks ... 79
fayike ... 40
felek ... 71
fêm kirin ... 17, 44, 69
fêr bûn ... 99
fergeh ... 44
ferheng ... 73
ferişte ... 72
fermî ... 66
fersend ... 47
fetisîn ... 37
fikirîn ... 17
fîlm ... 43
fîlmnasî ... 73
fincan ... 28
firaq ... 28
firavîn ... 28
fireh ... 37
firehî ... 85
firin ... 38
firîn ... 53, 99
fîrma ... 47
firotan ... 43
firotin ... 43
fîzîk ... 76
formûl ... 76
forum ... 79
Fransa ... 55
futbol ... 49

G
gaz ... 76
gazî kirin ... 34, 79, 83
gêjo ... 15
gelawêj ... 90
gelek sipas ... 13
genetîk ... 76
genim ... 63
gep ... 33
ger ... 53
gerden ... 33
gerînende ... 47
germ ... 25, 60
gez kirin ... 99
gihandin ... 79
gihîştin ... 94
giramî ... 79
giran ... 85
giranbiha ... 79
giranî ... 76, 85
girav ... 57
girêdan ... 73
girî ... 92
girîn ... 17, 99
girtîgeh ... 67

girtin 25, 100
gîrû kirin 53
givaştin 28, 58
gol 49, 58
gomlek 40
gonî kirin 50
gore 40
goşt 28
gotar 79
gotin 100
govend girtin 50
gram 85
grîp 33
guh 33
guhar 40
guhdarî kirin 46, 50, 79, 100
guherin 60
gulan 90
gulover 92
gund 25
gur 61
gustîl 40
gûz 28

H

hatin 79, 100
hatin (ber)dan 36
hatin dinyayê 70
havîn 60, 91
havîngeh 25
hawirde 65
hê 95
hebûn 100
hêdî 79, 88
heft 82
heft sed 83
heftdeh 83
heftdehmîn 84
hefte 91
heftê 83
heftê û heft 83
heftêmîn 84
hêjîr 28
hejmara telêfonê 80
hêk 28, 63
hêkerûn 28
helbest 73
helbestvan 73
helbestvanî 73
hem/hem 96
heman 88
hempa kirin 93
hempakirin 73
hemşîre 37
hemû 93
henek 18, 74
heng 61
her kîjan 96
herçend 94
heval 23
hevrişîm 40
herkes 96
hêrsok 15
hertim 88
hêsa 50
hêşa 61
hesat 64
heşîn 92
hesp 50, 61
hesp ajotin 50
hespbez 50
heşt 82
heşt sed 84
heştdehemîn 84
heştê 83
heştê û sê 83
heştêmîn 84
hev û din 13
heval 23
hevdengî 74
hêvî kirin 18
hevkar 47
hevpeyvîn 80
hewa 60

hewce bûn ... 38
hêwî ... 60
hewz ... 50
heye ku ... 94
heywan ... 61
heywanên kedî ... 61
heywanên kovî ... 61
hez kirin ... 18, 23, 100
hezar ... 84
hezarsêsed û heft ... 84
hezek ... 58
hijdeh ... 83
hikimdar ... 70
hikûm kirin ... 67
hikûmet ... 67
hilbijartin ... 67
hilpişkîn ... 33
hîm bûn ... 44
hinarde ... 65
hindik ... 33, 85
hindikahî ... 67
hindiktir ... 85
Hînduîzm ... 71
hinek ... 93
hingiv ... 28
hîpotez ... 76
hirç ... 61
hirî ... 40
hirmî ... 28
hîs kirin ... 16, 100
hişk ... 76
hişkalav ... 80
hîştin ... 18
hîv ... 60
honandin ... 50
hostes ... 53
hûn ... 13, 96
hunera wênesaziyê ... 43
hunermend ... 43
hûr kirin ... 28
hûrdem ... 88
hûrmêş ... 61
hûrnêrîn ... 36

I/Î

Îda Qûrbanê ... 51
îmkan ... 70
în ... 91
Încîl ... 71
înfeksiyon girtin ... 35
înformatîk ... 76
Înglîstan ... 55
înglîzî, Înglîzî ... 44
înternet ... 80
Iran ... 55
Iraq ... 55
îro ... 88
îskan ... 28
îşkence ... 67
Îslamiyet ... 71
îsot ... 29
îstgeh/îstasyon ... 53
îstrehat kirin ... 53
Îtalya ... 55

J

jê hatin dizîn ... 38
jê kirin ... 29
jê xwarin ... 58
jêbir ... 44
jêderxistin ... 45
ji ... 88, 93
jî ... 93
ji ber ku ... 95, 96
ji bo ... 95
ji hev cuda ... 93,
ji ku ... 13, 88
ji xwe ve çûyîn ... 33
jiber kirin ... 44
ji-hata ... 88
jikarketî ... 47
jikarketî bûn ... 47
jimerîn ... 44
jîmnastîk ... 50

ji nişkê ... 88
jin ... 20, 24
jîr ... 15
jiyan ... 33
jiyangeh ... 58
jiyîn ... 13, 33, 100

K

ka ... 63
kabarê ... 74
kad ... 92
kale ... 43
kalik ... 22
kalorîfer ... 25
kamera ... 74
Kanada ... 55
kanî ... 58
kapîtalîzm ... 67
kar ... 47
karbonhîdrat ... 76
karê malê ... 25
karîn ... 96
karîyer ... 47
karne ... 44
kartên lîstinê ... 50
kartol ... 29, 64
kartpostal ... 80
kaxiz ... 45
kê ... 97
kebab ... 42
keç ... 20
keça min ... 23
kedandin ... 129
kehrîban ... 40
kek ... 42
kel ... 29
kelandin ... 29, 99
kelem ... 64
kêm ... 33, 88
ken ... 20
kendal ... 58
kenîn ... 18, 99
ker ... 61
kêr ... 29
kerem kirin ... 13
kesek ... 96
kesk ... 92
keştandin ... 33, 100
keştî ... 53
ketin ... 100
ketin cilan ... 33
ketin rê ... 53
kevçî ... 29
kevir ... 58
kevirê giranbuha ... 40
kevîşen ... 58
kevn ... 93
kevneşop ... 74
kevok ... 61
kew ... 61
kewçêr ... 90
kî ... 96
kîjan ... 96
kîlogram ... 85
kîlometre ... 53
kîmya ... 76
kin ... 20, 85
kinc ... 40
kincê bûkaniye ... 40
kinge ... 88
kiras ... 40
kirê kirin ... 25
kirêj kirin ... 58
kirin ... 18, 98, 99
kirp ... 74
kişandin ... 33, 37
kişik ... 50
kîsik ... 38
kîte ... 74
klavye ... 80
klîma ... 60
koç ... 67
koç kirin ... 55, 67
kolan ... 53

kom ... 76
kom kirin ... 45
komîk ... 74
kompîtur ... 80
komînîzm ... 67
konser/sazderanî ... 43
kontrol ... 55
kopî kirin ... 46
koro ... 43
ku ... 13, 88
ku derê ... 88
kubar ... 15
kufte ... 42
kur ... 23
kur+ap/+xal – keç+ap/+xal ... 23
kur+met/+xatî – keç+met/+xatî ... 23
kûrahî ... 86
kurdî, Kurdî ... 45
kurê min ... 23
kurk ... 61
kursî ... 45
kurteçîrok ... 74
kurtejiyan ... 47
kûştin ... 70
kuxîn ... 34

L
labor ... 76
lava kirin ... 15
law ... 20
laxmacun ... 42
lê ... 96
lê borin ... 18
lê gerîn ... 39
lê hûr niherîn ... 70
lê kolîn ... 76
lebitîn ... 36
lêçûn ... 53
leglel ... 61
leheng ... 74
lênûsk ... 45
leşker ... 67
lê xistin ... 100
lezgîn ... 50
lezginî ... 53, 76
lezginîya ronahîyê ... 77
li jor ... 88
li ku ... 88
li jer ... 88
li rex ... 88
li ser ... 89
li/di ... 88
lihêf ... 25
lihev xistin ... 45
lîmon ... 29
ling ... 34
lîstik ... 80
lîstikê kompûterê ... 80
lîstin ... 50, 80
lîtir ... 86
lîwan ... 25
loma ... 95

M
maç kirin ... 23
made ... 77
madeya xam ... 64
maf ... 67, 70
mafê mirovan ... 67
makîna ... 64
mal ... 25
malbat ... 23
maliştin ... 26
malmîrat ... 70
malpera înternetê ... 80
mamik ... 74
mamoste ... 45
mar ... 61
mase ... 26, 45
master ... 46
matematîk ... 77
mayîn ... 46
me ... 96, 97
meaş ... 47

medîya 80
meh 91
meha Remezanê 51
mehin 61
mele 71
melek 72
menû 41
meqarne 29
meqes 29
mêr 20, 24
mêr kirin 24
meraq kirin 18
merasîm 67
meaş 47
mêş 61
meşqûl bûn 80
mesref 39
mestir 86
met 24
metel mayîn 18
metelok 50, 76
metre 86
mêvan 13
mezin 20, 86
mestir 86
mezin bûn 34
mezin kirin 24
mezopotamîya 58
mî/beran 61
mijar 70
mil 34
milîmetre 86
milyar 84
milyon 84
mîmarî 43
min 13, 96
mîna 93
mînmînîk 61
mîr 67
mîratî 67
mîratxûr 70
mircan 40
mirin 34, 100
mirîşk/dîk 61, 64
mirov 15
mîrza 70
mişk 62, 80
mîtolojî 72
model 64
mont 40
mor 92
morî 41
motor 64
mumkîn 95, 96
mûrî 62
muzîk 50
mutbex 26
mûze 43

N
na/erê 96
name 80
nan 29
nargîle 42
nas kirin 14, 18
naskirî 43
nav 14
navber 45
navdar 43
navnetewî 65
navnîşan 14, 80
ne 96
nefî 55
nefsbiçuk 15
neh 82
neh sed 84
nehêmîn 84
nema 96
neqenc 15
neqişandin 50
nermalav 80
netewe 67
nevî 24
newal 58

Newroz ... 51
nexşe ... 53
nexşeya bajarê ... 53
nexweş ... 34, 36
nexweşî ... 36
nexweşxane ... 37
neynî ... 77
neynik ... 41
nêzîk ... 89
nihêrîn ... 34, 50, 100
nimêj kirin ... 51
niştiman ... 55
nîvê şevê ... 89
nivîn ... 26
nivîsandin ... 45, 80, 100
nivîskar ... 74
nîvro ... 89
nod ... 83
nod û pênc ... 83
normal ... 36
not girtin ... 46
nozdeh ... 83
nozdehmîn ... 84
nû ... 93
nûçe ... 81
nûjên ... 74
nûn ... 77
nûjên ... 74
nûza ... 22

O

ocax ... 26
ode ... 26
odeya razanê ... 26
ordî ... 67
organîzma ... 77
otel ... 53
otobus ... 53
oxir be ... 14

P

padîşah ... 70
pak ... 34
pakêt ... 80
palmiye ... 58
panzdeh ... 82
panzdehmîn ... 84
paqij ... 15
paqij kirin ... 26
par ... 89
parastin ... 58
parçe ... 65
parçeyê yêdek ... 64
pardanî ... 39
parêzgeh ... 55
park kirin ... 53
parlamenter ... 67
partî ... 67
parve kirin ... 45
parzemîn ... 55
pasaport ... 53
paş ... 89
paşbêjî kirin ... 18
paşê ... 89
paşnav ... 14
pastaxane ... 42
patron ... 47
payîz ... 60, 91
paytext ... 56
pê ... 34
pêç ... 37
peçî ... 34
pêjandin ... 29
pêjgeh ... 26
pêk anîn ... 64
pêkenîn ... 18
pêlêkan ... 26
pembe ... 92
pembû ... 41
pênas ... 77
penav ... 58
pênc ... 82
pênc sed ... 83
pençe ... 62

pêncemîn 84
pencere 26
pencî 83
pencî û du 83
pêncşem 91
penîr 29
pênûs 45
pêr 89
perde 26
pere 65
perhîz girtin 34
perisîn 77
perwerde 45
pêş 89
pêşangeh 43
pêşdarazî 67
pêsîr 34
pêşkêş kirin 100
pêşmerge 67
pêşniyar 65
pêwîst bûn 39
pêxember 72
peykersaz 43
peyv 74
pez 61
piçuk 20
pîlaw 28
pilindir 62
piling 62
pincar 64
pir 34, 86, 93
pircar 34
pirê 43
pîroz kirin 51
pîrozbahî 51, 80
pirsîn 14, 18
pirtirîn 77
pirtûk 45
pirtûkxane 46
pirî car 89
pirs 14
pîşe 48
pişik 34
pişîk 62
pismamtî 23
pispor 46
pişt 34
pîvandin 77
pîvaz 29
pîve 77
plan 95
polîs 68
por 21
porsor 21
postdank 80
postexane 80
poz 21
pratîk 70
problem 48
profesorê/a zanîngehê 46
program 80
programa antîvîrusê 80
proje 67
proteîn 77
protesto 68
pûl 81
pûşper 90
pûtperestî 72

Q

qaîl bûn 18
qalib 92
qanî kirin 15
qarqarok 62
qat 26
qatî 26
qawin 29
qawhe 41
qazax 41
qebare 77
qedandin 46
qedexe 68
qelew 21
qels 21

qenc ... 15
qencî ... 68
qenepe ... 26
qesabxane ... 39
qeşahî ... 58
qestane ... 18
qet ... 89
qewimîn ... 36
qeza ... 36
qezenc ... 48, 65
qezenç kirin ... 48
qîçik ... 92
qijîn ... 101
qirçîna esman ... 60
qirik ... 34
qismet ... 71
qûm ... 58
qûmaş ... 41
Quran ... 72
qûrban ... 51
quşxane ... 29

R

rabûn ... 26, 101
rade ... 60
radeya germpîvê ... 60
ragihan ... 53
ragirtin ... 19
rakirin ... 19, 26, 31, 101
rapelikîn ... 50
rapor ... 37
rast/şaş ... 45
rastêrast ... 53
rastîn ... 93
rastkêş ... 45
rastnivîsandin ... 45
rave kirin ... 45
rawestgeh ... 53
rawestin ... 53
razan ... 101
razî bûn ... 19
rê ... 54
rêbendan ... 90
reçete ... 37
reklam ... 65
reng ... 92
reş ... 92
reşemî ... 90
resen ... 93
rev ... 56
revîn ... 50, 68
rêwîtî ... 54
rewş ... 19
rewşenbîr ... 74
rêx ... 64
rexne ... 81
rexnevan ... 74
rêz ... 74
rezber ... 90
rêzefîlm ... 81
rêziman ... 45
rî ... 21
rîstorante ... 41
rîtm ... 73
robar ... 58
roj ... 89
roja Aşûreyê ... 52
roja çêbûnê ... 52
rojava ... 60
rojbaş ... 14
rojhilat ... 60
rojhilata navîn ... 56
rojî girtin ... 52
rojname ... 81
rojnivîsk ... 75
roman ... 75
ron ... 77
ronahî ... 26
ronî ... 92
rontgên kişandin ... 37
rovî ... 62
ruh ... 16
rûken ... 16
rûmetdaranîn ... 43

rûn 29, 77
rûna malê 30
rûniştin 14, 26, 101
rûpel 81
Rûsîya 56

S/Ş

sabûn 27
şad 19
saet 89
şahbanû 70
şahî 43
şahîd 70
şahrê 54
sal 89
şal 41
salname 89
şandin 81
şane 77
şaneşîn 27
şano 43, 75
şans 48
santîmetre 86
şanzdeh 83
şanzdehmîn 84
sar 27, 60
şaredar 68
sarinc 30
şaş 45, 93
şaş bûn 19
sawdar 93
sax man 34
saz 43
saz kirin 43, 81
se 62
sê 82
sê sed 83
sed 83
sed hezar 84
sed û sî 83
sedem 95
sedî 65
sedsal 70, 89
sedsî û yek 83
sêgoşe 92
şehîd 68
sekinîn 54, 89
şekir 30
selete 42
şemî 91
sendelî 27
ser 34
şer 68
şêr 62
şerab 42
şeraba sor 42
serbixwe 48, 68
serbijîşk 35
serçav 21
serçawa hatin 27
Serdema Navîn 70
Şerefname 70
serrast kirin 45
serfiraz 95
serî lêdan 56
serîlêdan 48
serketin 51, 95
serma 35
serma girtin 35
sermawez 91
şermok 19
serobinoyî 27
serok 68
serşok 27
şertên têketanê 56
şertên xebatê 48
şeş 82
şeş sed 83
sêşem 91
şeşêmîn 84
şêşt û çar 83
sêv 30
şev 89
şewat 37

sêyemîn ... 84
sêzdeh ... 82
sêzdehmîn ... 84
sî ... 83
sî û heşt ... 83
sibeh ... 89
şibîn ... 21, 75
sifir ... 82
sihor ... 62
şikeft ... 58
şil ... 60
silav ... 14
silav dan ... 14
şimik ... 27
şîn ... 92
sing ... 35
sînor ... 54
sînora dewletê ... 56
sîntetîk ... 41
şîp ... 58
sir ... 71
şîr ... 30
şîretvan ... 71
sirgûn ... 68
şirîn ... 21
şîrove kirin ... 19
şîş kebab ... 30
sist ... 19
sist bûn ... 19
şîv ... 30
şivan ... 64
şîvantî kirin ... 64
sivik ... 86
sîyaset ... 68
sîyasetmedar ... 68
sîyemîn ... 85
sîyûyekêmîn ... 85
sms ... 81
sobe ... 27
sol ... 41
solbend ... 39
şopandin ... 71
sor ... 92
şorbe ... 30
şorbeya nîskan ... 42
şorbeya zozanî ... 30
sor kirin ... 30
şovalye ... 71
soz ... 68
spam ... 81
sparîş kirin ... 41
spas ... 14, 96
spasdar ... 19
spî ... 92
standin ... 27, 39
standupger ... 75
stêr ... 60
stêrnasî ... 77
stiranbêj ... 43
stûmal ... 41
şû ... 24
şûl ... 62
sultan ... 71
sumestr/nîvsal ... 46
sûpermarket ... 39
Sûrîye ... 56
şûştin ... 41
sûvenîr ... 39
Swîçre ... 56

T

tablo ... 77
tabloya dersê ... 45
tam ... 30, 95
tam kirin ... 101
tamwisa ... 95
tarî ... 27, 92
taştê ... 30
tav ... 60
tawe ... 30
tawûs ... 62
tax ... 54
taxim ... 51
taybet ... 56

te ... 13, 96
tê gihîştin ... 17
tedawî ... 35
têketan ... 43
teknîk ... 77
têkoşîn ... 68
tekûz ... 48
telefon vekirin ... 81
telefona destê ... 81
televîzyon ... 81
temam ... 19
temîr kirin ... 64
tenê ... 96
teorî ... 77
teoriya evûlûsiyonê ... 77
tep ... 59
terorist ... 68
tesadufen ... 95
tesewûf ... 72
tevger ... 75
tevgerîn ... 16
tevlîhev ... 27
tewizan ... 48
tewle ... 27, 64
Tewrat ... 72
texmîn kirin ... 101
texte ... 45
teyfik ... 30
teyr/eylo ... 62
têz ... 46
teze ... 30, 64
tî ... 30
tika kirin ... 14
tikandin ... 81
tikesek ... 96
tilî ... 35
tilyak ... 35
tîp ... 75
tîpandin ... 81
tiral ... 19
tirej ... 60
tirî ... 30
Tirkî ... 56
Tirkiye ... 56
tîrmeh ... 90
tirsîn ... 19, 101
tiştek ... 96
to ... 30
tomar kirin ... 81
ton ... 85
top ... 51
top kirin ... 31
tor ... 81
trafîk ... 54
trajîk ... 75
traktor ... 64
tren ... 54
tu ... 95
tualet ... 27
tûrîst ... 137

U/Û

û ... 89, 96
ûris, Ûris ... 56

V

vajî ... 93
vala ... 43
vedîtin ... 77
vegotin ... 75
veguherandin ... 54
vekirin ... 27, 101
vêxistin ... 27
vexwarin ... 101
vir ... 89
vira ... 90
vîrus ... 81
vîze ... 54
volkan ... 59

W

wan ... 97, 98
wane ... 45
wargeh ... 47

wargehê xwendekaran ... 47
wate ... 75
we ... 97
wê/wî ... 21
wêderê ... 90
wêje ... 75
wêjedost ... 75
wêjenasî ... 75
wekhev ... 93
wekî ... 93, 94
welatên cînarkî ... 56
wêne ... 51, 75
wêne çekirin ... 45
wênekêş ... 43
werger ... 75
wergerandina hikûmetê ... 67
wergirtin ... 81
werzîş ... 51
weşandin ... 101
wezaret ... 68
wezîr ... 68
wî/wê ... 21
winda ... 65
winda kirin ... 19, 39, 54
wir ... 90
wisa ... 95
wize ... 77
wizeya azad ... 77
wurşedar ... 19

X
xaçepirs ... 51
xak ... 59
xaliçe ... 27
xalo ... 24
xamatî ... 35
xamoşan bûn ... 59
xanî ... 27
xatî ... 24
xatir xwestin ... 14
xeber ... 81
xeber kirin ... 19
xedar ... 19
xelas kirin ... 36
xêlek ... 90
xemgîn ... 19
xeniqîn ... 37
xera bûn ... 64
xerab ... 16, 94
xerab/xerabtir ... 27, 35, 94
xerîb bûn ... 19, 56
xeternak ... 35, 78
xewn ... 27
xewn dîtin ... 27
xeyidîn ... 20
xeyirî ... 92
xêzan/jin ... 24
xêzefîlm ... 81
xêz kirin ... 51
xezûr/xasî ... 24
Xidirnebî ... 52
Xiristiyanî ... 72
xismetgûzarî ... 65
xizan ... 68
xort ... 21
xurme ... 31
xurt ... 21
xuya kirin ... 21
xwar ... 92
xwar kirin ... 37
xwarin ... 31
xwe ... 97
xwê ... 31
xwe direjkirin ... 36
xwe girêdan ... 54
xwe jehrandin ... 37
xwe kirin ... 41
xwe şûştin ... 27
xwe zivirandin ... 36
xwebawer ... 20
xwecih ... 56
xwedawendên yewnanî ... 72
Xwedê ... 72
xwedî ... 65

xwendekar ... 47
xwendin ... 101, 45
xweperest ... 16
xweşnivîs/kalîgrafî ... 43
xweş çûn ... 20
xwestin ... 20, 97, 101
xwey ... 24
xwezayî ... 59
xwîn ... 35
xwînşirîn ... 16
xwişk ... 24

Y
yanzdeh ... 82
yanzdehmîn ... 84
yek ... 82
yekêmîn ... 84
yekşem ... 91
yeksanî ... 91
yêm kirin ... 64
yeman ... 94

Z
zanîn ... 20, 45, 71
zanîngeh ... 47
zanist ... 78
zanistên suriştî ... 78
zaniyariya hişmendî ... 71
zar ... 24, 92
zarava ... 75
zargotin ... 75
zarok ... 240
zava ... 24
zebeş ... 31
zêde ... 86
zêde kirin ... 66
zêdekirin ... 78
zeliqandin ... 81
zemîn ... 59
zengil ... 27
zengîn ... 68
zêr ... 41
zerdalî ... 31
Zerdûştîtî ... 72
zerf ... 81
zêrîn ... 92
zevî ... 64
zewac ... 24
zewicî ... 24
zeytûn ... 31
ziman ... 35
zimanê biyanî ... 56
zimanê dayîkê ... 56
zimanzanî ... 75
zinar ... 59
zincîra çiyan ... 59
zindî ... 75
zîpik ... 60
zirav ... 21
zîv ... 41
zivirîn ... 54
zivistan ... 60, 91
ziwa ... 60
zor ... 45, 51
zozan ... 59
zû ... 90
zûtir ... 90

Quellenangaben – Çavkanî

Bedir Khan, Emir Djeladet & **Lescot**, Roger (1986): Kurdische Grammatik (Kurmancî Dialekt). Verlag für Kultur und Wissenschaft.

Begik, Ahmed; **Neumann** Rosemarie (2008): Hîbûna Kurdî. Kurdisch lernen. Ein Kurdisch – Lehrbuch. Eine Schule für Kurdistan e. V. Köln.

Farqînî, Zana (2004): FERHENGA KURDî – TIRKÎ. Enstîtutiya Kurdî Stenbol.

Farqînî, Zana (2004): FERHENGA TIRKÎ – KURDÎ. Enstîtutiya Kurdî Stenbol

Incekan, Abdullah (2010): Kurdisch Kompakt. Dr. Ludwig Reichert Verlag. Wiesbaden.

Omar, Feryad Fazil (1992): Kurdisch – Deutsch Wörterbuch. Kurdische Studien. im VWB Berlin.

Wurzel, Petra (1992): Rojbaş. Kurdisch in 15 Lektionen. Dr. Komkar Publikationen Köln.

Wurzel, Petra (1997): Rojbaş. Einführung in die kurdische Sprache. Dr. Ludwig Reichert Verlag Wiesbaden.

Kurdisch Kompakt

Lehr- und Übungsbuch
mit Lösungsschlüssel und CD

Von Abdullah Incekan
2010. 8°. 274 S., kart.,
(978-3-89500-720-0)

Der Titel ist auch auf Englisch erhältlich:

Compact Kurdish - Kurmanji

Textbook with Exercises, Key and Audio–CD

Von Abdullah Incekan
2014. 8°. 276 S., kart.,
(978-3-89500-959-4)

Der „Kompaktkurs Kurdisch (Kurmancî) mit CD“ liefert in 19 Kapiteln praxis-orientiert Grundkenntnisse des Kurdischen. Jedes Kapitel besteht aus einem authentischen Text, Vokabelangaben, Grammatikerklärungen sowie Übungen. Die Texte sowie mehrere Übungen zur Aussprache können über die mitgelieferte Audio-CD gehört werden. Die Bilder und Grafiken dienen der Veranschaulichung der Textinhalte.
Der Kompaktkurs eignet sich für alle, die im Selbststudium oder im Sprachkurs das Kurdische (auch ohne Vorkenntnisse) lernen oder ihre Kenntnisse vertiefen möchten.
Ein umfangreicher Anhang mit Schlüssel, einem Vokabelverzeichnis Kurdisch-Deutsch und Deutsch-Kurdisch, einer Liste der beiden Verbstämme sowie einem Grammatikindex runden den Band ab.

Über den Autor:

Abdullah Incekan (1979), geboren in Türkisch-Kurdistan, lebt seit 1987 in Deutschland. Er studierte Germanistik, Turkologie und Deutsch als Zweitsprache/Interkulturelle Pädagogik an der Universität Duisburg-Essen. Er lebt und arbeitet im Ruhrgebiet.

Rojbas – Einführung in die kurdische Sprache

Von Petra Wurzel
8°. 228 S., kart.,
(978-3-88226-994-9)

Rojbas – Einführung in die kurdische Sprache. Schlüssel und Wörterverzeichnis

Von Petra Wurzel
8°. 88 S., kart.,
(978-3-88226-995-6)

Durch den Zuzug zahlreicher Kurden nach Deutschland und durch die öffentliche Diskussion der kurdischen Frage ist die Nachfrage nach Lehrbüchern der kurdischen Sprache in den vergangenen Jahren weiter gestiegen.
Das vorliegende Lehrbuch bietet den Lernenden ein systematisches Lernprogramm, um den Dialekt „Kurmanci" zu erlernen, der in der Türkei, aber auch im Norden Syriens und des Irak gesprochen wird. Es geht aber auch auf Sorani ein und behandelt im Vokabelteil deren Verwendung in unterschiedlichen Regionen. Nach einer kurzen sprachlichen Einführung des Kurdischen, Informationen über die sprachliche Situation und einer Einführung in das kurdische Alphabet bietet der Hauptteil des Lehrbuchs in 20 Lektionen Grammatik, Vokabeln, Text/Dialog und Übungen. Abgerundet wird der Band durch eine Übersicht über die Tempora, durch Höflichkeitswendungen sowie einen grammatischen Index.
Die Texte beziehen sich auf Themen wie Einkaufen, Arztbesuch, Anreise aus Kurdistan und Besuch in Kurdistan. Schwerpunkt des Lehrbuchs ist jedoch das Zusammenleben von Kurden und Deutschen in Deutschland. Das Lehrbuch wird durch einen Schlüssel mit Wörterverzeichnis ergänzt.

Kurdisches Lesebuch

Kurmancî-Texte des 20. Jahrhunderts mit Glossar

Von Hüseyin Ağuiçenoğlu
2005. 8°. 120 S., kart.,
(978-3-89500-464-3)

Die Forschung über die kurdische Sprache befindet sich noch im Anfangsstadium. Die Gründe dafür liegen vor allem in der über Jahrzehnte betriebene staatliche Assimilationspolitik und das Fehlen eines wissenschaftlichen Zentrums für kurdische Studien.
Im Zuge der Aufhebung des Sprachverbotsgesetzes und der Einführung liberaler Reformen in der Türkei ist es zu einem wahren Publikationsboom über die kurdische Sprache gekommen, und es besteht inzwischen so großes Interesse an der kurdischen Kultur, Sprache und Literatur, dass von einer „kurdischen Renaissance" gesprochen wird. Innerhalb kürzester Zeit sind nicht nur neue Tagezeitungen, Zeitschriften, Radio- und Fernsehsender entstanden, es erschienen auch zahlreiche Kinderbücher, Romane und Wörterbücher auf Kurdisch.
Die in diesem Band versammelten Texte erstrecken sich über einen Zeitraum von über 100 Jahren. Bei der Auswahl wurden also sowohl die am Anfang der Schriftsprache stehendenden „klassischen" als auch die neuesten Texte berücksichtigt. Es sind nicht nur didaktische Überlegungen zugrunde gelegt, ebenso wurde darauf geachtet, dass die Texte möglichst unterschiedliche inhaltliche Aspekte des kurdischen kulturellen Lebens widerspiegeln. Um darüberhinaus die Verschiedenartigkeit des Sprachgebrauchs in den einzelnen Regionen aufzuzeigen, sind Texte aus verschiedenen kurdischen Regionen der Türkei, aber auch Syriens oder der ehemaligen Sowjetrepubliken enthalten.
Die Texte sind dem Schwierigkeitsgrad nach progressiv angeordnet und alle Kapitel gleich aufgebaut: Jedes Kapitel enthält einen Haupttext, einen journalistischen Nachrichtenteil, einen satirischen Text, einen Poesieteil, einen Sprichwortteil und einen Vokabelteil. Abgerundet wird der Band durch ein alphabetisches Glossar, das die Benutzung zusätzlicher lexikalischer Hilfsmittel für die im Buch enthaltenen Texte weitgehend erübrigt. Das Buch kann sowohl in Anfänger- als auch in Fortgeschrittenenkursen eingesetzt werden und eignet sich auch gut, bereits vorhandene Kurdischkenntnisse im Selbststudium zu vertiefen.